Contents

Introduction   4

Pronunciation guide   6

1 Здра́вствуйте!   7
saying hello, goodbye
. . . and how are you?
introducing yourself
. . . and asking someone's name

2 Я англича́нин   15
asking someone's nationality
. . . and stating yours
saying whether you are married
using the numbers 0 to 4

3 Э́то А́нна   23
introducing friends
. . . and members of your family
talking about your family
giving your phone number
using the numbers 5 to 10

4 Чай, пожа́луйста   31
ordering a drink in a bar or cafe
offering, accepting or refusing a drink
using the numbers 11 to 20

Контро́льная рабо́та 1   39
progress check 1

**5 Скажи́те, пожа́луйста, где
гости́ница?**   43
asking where something is
. . . and how far it is
asking where someone lives
using the numbers 21 to 100

6 Э́то откры́то?   51
understanding what there is in town
. . . and when it's open
making simple enquiries
asking for help to understand

7 Ско́лько сто́ит?   59
using the numbers above 200
understanding prices
asking for items in a shop or market

Контро́льная рабо́та 2   67
progress check 2

8 У вас есть свобо́дный но́мер? 71
checking in at reception
asking if there's a room free
asking which floor something is on
making requests

9 Когда́ отхо́дит?   79
asking about public transport
finding out train times
buying train tickets
finding your way around the Metro

10 Прия́тного аппети́та!   87
reading the menu
asking what's available
ordering a meal
saying what you like and don't like

Контро́льная рабо́та 3   97
progress check 3

Reference section

Cassette scripts and answers   101

Grammar   119

Russian-English Glossary   122

Introduction

Welcome to **Talk Russian**, the BBC's new Russian course for absolute beginners. Designed for adults learning alone or in a class, it provides the ideal introduction to Russian, covering the basic language needed in everyday situations on a visit to Russia (and indeed many Baltic states). It is suitable if you want to learn for work, for fun and to prepare for a first level qualification.

Talk Russian is an interactive course consisting of a book and two 60-minute cassettes of recordings made by native Russian speakers. Although designed to be used with the cassettes, the book could be used separately as the cassette scripts are included in the reference section.

Talk Russian encourages you to make genuine progress and promotes a real sense of achievement. The key to its effectiveness lies in its structure and its systematic approach. Key features include:

- simple step-by-step presentation of new language
- involvement and interaction at every stage of the learning process
- regular progress checks
- useful hints on study skills and language-learning strategies

How to use Talk Russian

Each of the ten units is completed in ten easy-to-follow steps.

1   Read the first page of the unit to focus on what you are aiming to learn and to note any key vocabulary in the 'В России . . .' (In Russia . . .) section. This provides useful and relevant information on Russia and sets your learning in context.

2   Listen to the key phrases – don't be tempted to read them first. Then listen to them again, this time reading them in your book too. Finally, try reading them out loud before listening one more time. In the first four units new words and phrases have been transliterated (written in English letters).

3   Work your way through the activities which follow the key phrases. These highlight key language elements and are carefully designed to enable you to complete them

without needing to write any Russian. When you hear the activity number pause the cassette and read the instructions before you listen. If you wish to write Russian, try to copy the handwritten alphabet given in the pronunciation guide. To check your answers, refer to the *Cassette scripts and answers* starting on page 101.

4   Read the 'По-русски . . .' (*In Russian . . .*) explanations – they are placed just where you need that information.

5   When you have completed the activities, and before you try the *Put it all together* pages, close your book and listen to the Russian conversations straight through. The more times you listen, the more familiar the language will become. You might also like to read the dialogues at this stage.

6   Complete the consolidation activities on the *Put it all together* page and check your answers with the *Cassette scripts and answers*. In the first four units these activities are specifically designed to help you to learn the alphabet. In Russia, printed styles can vary – you should be able to recognize most versions.

7   Use the language you've learnt – the presenters on the cassette will guide you through the *Now you're talking!* page as you practise speaking Russian.

8   Check your progress. First, test your knowledge with the quiz. Then check whether you can do everything on the checklist – if in doubt, go back and spend some more time on the relevant section. You'll have further opportunities to test your knowledge in each 'Контрольная работа' *(Checkpoint)* after units 4, 7 and 10.

9   Read the learning hint at the end of the unit for ideas and suggestions on how to use your study time effectively or how to extend your knowledge.

10   Finally, relax and listen to the whole unit, understanding what the people are saying in Russian and taking part in the conversations. This time you may not need the book.

Желаем успеха! Good luck!

Pronunciation guide

Russian is heavily stressed and the pronunciation of a vowel may change depending on whether it is stressed or unstressed.
Notice the difference between the printed and handwritten versions of the alphabet.

Printed	Handwritten	Pronunciation
Аа	*A a*	a in **a**pple
Бб	*Б б*	b in **b**ox
Вв	*В в*	v in **v**an
Гг	*Г г*	g in **g**et
Дд	*Д д*	d in **d**og
Ее	*Е е*	ye in **ye**t
Ёё	*Ё ё*	yo in **yo**ur
Жж	*Ж ж*	s in plea**s**ure
Зз	*З з*	z in **z**oo
Ии	*И и*	ee in f**ee**t
Йй	*Й й*	y in bo**y**
Кк	*К к*	k in **k**it
Лл	*Л л*	l in **l**ove
Мм	*М м*	m in **m**ay
Нн	*Н н*	n in **n**ot
Оо	*О о*	o in t**o**p
Пп	*П п*	p in **p**ot
Рр	*Р р*	r in **r**ot (rolled)
Сс	*С с*	s in **s**et
Тт	*Т т*	t in **t**o
Уу	*У у*	oo in m**oo**n
Фф	*Ф ф*	f in **f**it
Хх	*Х х*	ch in lo**ch** (Scottish)
Цц	*Ц ц*	ts in ve**ts**
Чч	*Ч ч*	ch in **ch**in
Шш	*Ш ш*	sh in **sh**in
Щщ	*Щ щ*	shch in pu**shch**air
ъ	*ъ*	hard sign (see page 36)
ы	*ы*	y in ph**y**sics
ь	*ь*	soft sign (see page 28)
Ээ	*Э э*	e in m**e**t
Юю	*Ю ю*	yu in **Yu**le
Яя	*Я я*	ya in **ya**p

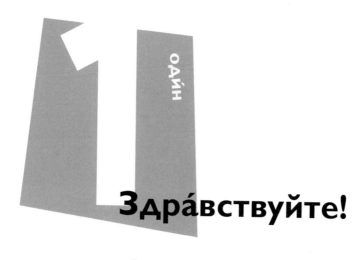

Здра́вствуйте!

- saying hello, goodbye
  - . . . and how are you?
- introducing yourself
  - . . . and asking someone's name

В Росси́и . . . (In Russia . . .)
(Pronounced *v Rassee'ee*)

how you address someone will depend on how well you know them. You use formal language to talk to a waiter, receptionist or shop assistant or someone you don't know well, and informal language to a friend, a child or someone you know very well. Russians use a middle name formed from their father's first name: Pavel and Anna, whose father's name is Ivan, are called **Pavel Ivanovich** and **Anna Ivanovna**. Short forms of first names are common: **Ва́ня**, *Vanya* is the common short form for **Ива́н**, *Eevan* and **О́ля**, *Olya* for **О́льга**, *Olga*.

Saying hello, goodbye . . .

1 Listen to these key phrases.

Здра́вствуйте
Zdrastvooytye

Hello (formal)

Здра́вствуй
Zdrastvooy

Hello (informal)

До свида́ния
Da sveedaneeya

Goodbye

По-ру́сски . . . (In Russian . . .)
Pa-roosskee . . .

use **Здра́вствуйте** to greet one person formally or more than one person.

2 Anna, a tourist guide, greets a new arrival at the hotel. Listen and tick the word she uses to say 'hello'.

Здра́вствуй   **Здра́вствуйте**

3 Listen as Anna greets five more people in the hotel. How many of them are young people or children?

4 Some guests are arriving and some leaving. As you hear each person, tick whether they are saying hello or goodbye to Anna.

	1	2	3	4	5
Здра́вствуйте	▪	▪	▪	▪	▪
До свида́ния	▪	▪	▪	▪	▪

. . . and how are you?

5 Listen to these key phrases.

Как у вас дела?
Kak oo vas dyela?

How are you? (formal)

Спасибо, хорошо
Spaseeba, kharasho

Thank you, fine

А как у вас?
A kak oo vas?

And you? (formal)

6 Listen to Anna greeting one of the tourists. Write in English what she asks him.

Спасибо, хорошо

7 Ivan asks Anna how she is, using **Как дела?** *Kak dyela?* the informal way of asking someone how they are. Listen, and give her reply in English.

8 At a summer language school in Moscow, Olga is teaching her students to read. Pointing to phrases on the board, she reads them aloud. Listen and number the phrases 1 to 6, in the order in which she reads them.

Здравствуй ....
А как у вас? ....
Спасибо, хорошо ....

Как у вас дела? ....
Здравствуйте ....
До свидания ....

Introducing yourself . . .

1 Listen to these key phrases.

Меня зовут . . .
Menya zavoot
My name is . . .

Как вас зовут?
Kak vas zavoot?
What's your name? (formal)

2 Staff at the Moscow language school are introducing themselves to students. Tick the four names you hear.

Svetlana	▨	Irina	▨
Victor	▨	Yuri	▨
Tanya	▨	Olga	▨
Vladimir	▨	Ivan	▨

3 Listen to these key phrases.

Очень рад
Ochen rad
Pleased to meet you (said by a man)

Очень рада
Ochen rada
Pleased to meet you (said by a woman)

Простите?
Prasteetye
Pardon?/Excuse me?/Sorry?

4 Lisa, a student, doesn't quite catch her new teacher's name. Does she use **Простите?** or **Как вас зовут?** to ask him to repeat it? What is his name?

Why does Lisa say **Очень рада**, 'pleased to meet you', in a different way from Victor, who says **Очень рад?**

. . . and asking someone's name

5 **Áнна**, *Anna*, meets **Táня**, *Tanya*, whose name she has forgotten. She's with her younger brother **Борис**, *Barees*. Listen to the cassette and write the letter of the missing word in the appropriate gap.

Anna	**Здрáвствуйте.**
Tanya	....
Anna	**Как .... зовýт?**
Tanya	**Меня зовýт Táня.** **............. вас зовýт?**
Anna	**............. зовýт Áнна,** **а как тебя зовýт?**
Boris	**Меня зовýт Борис.**
Anna	**Óчень рáда.**
Boris	**............. рад.**

a **Как**
b **Здрáвствуйте**
c **Óчень**
d **вас**
e **Меня**

По-рýсски . . .

to ask a child or a young person their name, use the informal **Как тебя зовýт?** *Kak tebya zavoot?* instead of **Как вас зовýт?**

---

6 Olga asks her students to do some more reading practice. Listen and number the phrases 1 to 6 in the order in which she says them.

Как вас зовýт? ....   **Как делá?** ....
Как тебя зовýт? ....   **Óчень рад** ....
Меня зовýт Áнна ....   **Простите?** ....

Put it all together

1   The alphabet is fun to learn and you can already recognize several letters. Concentrate now on the ones which are highlighted below.

аб**в**г**д**е**ё**ж**з**и**й**к**л**м**н**о**п**р**с**т**у**ф**х**ц**ч**ш**щ**ъ**ы**ь**э**ю**я

2   Six letters sound very similar to the English letters they look like. Listen to the cassette to check your pronunciation.

Аа (a)   **Ее** (ye)   **Кк** (k)   **Мм** (m)   **Оо** (o)   **Тт** (t)

Can you now read and guess the meaning of the following words? The first two can be found in the key phrases, others in the glossary.

a	**а**	b	**как**	c	**ма́ма**	d	**такт**
e	**а́том**	f	**ко́ма**	g	**ата́ка**	h	**коме́та**

3   Another six letters look like English but sound different:

Вв (v)   **Нн** (n)   **Рр** (r)   **Сс** (s)   **Уу** (oo)   **Хх** (kh, or ch as in 'loch')

Now read and guess the meaning of the following:

a	**метро́**	b	**теа́тр**	c	**рестора́н**	d	**тра́ктор**
e	**курс**	f	**Москва́**	g	**орке́стр**	h	**хара́ктер**

4   Match the Russian with the English. Write the correct letter in front of the English phrase.

a	**До свида́ния**	My name's Anna
b	**Как вас зову́т?**	Pleased to meet you
c	**Меня́ зову́т А́нна**	How are you?
d	**О́чень рад**	Goodbye
e	**Как у вас дела́?**	What's your name?

❝ Now you're talking!

I As you're leaving your hotel, you meet your tour guide.

- ◆ Say hello to her.
- ◇ **Здравствуйте. Как у вас дела?**
- ◆ Say you're well and ask how she is.
- ◇ **Спасибо, хорошо.**

Another guide joins her.
- ◆ Greet him and introduce yourself.
- ◇ **Очень рад. Меня зовут Иван.**
- ◆ He spoke very fast. Ask him to repeat his name.
- ◇ **Меня зовут Иван.**
- ◆ The guides have to leave. Say goodbye to them.

2 You're at a newspaper kiosk.

- ◆ Greet the vendor.
- ◇ **Здравствуйте.**
- ◆ Say hello to his son . . .
- ◇ **Здравствуйте.**
- ◆ . . . and ask him what his name is.
- ◇ **Меня зовут Саша.**
- ◆ Now ask him how he is.
- ◇ **Спасибо, хорошо.**

3 Now try the following:

- ◆ greet the waiter in a restaurant
- ◆ ask him his name
- ◆ ask him how he is
- ◆ as you leave the restaurant, say goodbye to him.

Quiz

1 Which of the following names is Anna?
   a **Ваня**   *b* **Таня**   *c* **Анна**
2 Where in Russia would you be if you were were in **Москва**?
3 Who is Sasha calling: **'Мама'**?
4 Where would you be if you were in a **ресторан**?
5 To say hello to a child would you use:
   a **Здравствуйте** or *b* **Здравствуй**?
6 How well would you know a person to use **Как дела**?
7 To say 'pleased to meet you' would a man use:
   a **Очень рад** or *b* **Очень рада**?
8 Which of the following means 'Goodbye'?
   a **Здравствуйте**   *b* **До свидания**   *c* **Простите**
9 When asking a child's name do you say:
   a **Как вас зовут?** or *b* **Как тебя зовут?**
10 Which of the following means 'Thank you'?
   a **Спасибо**   *b* **Саша**   *c* **Хорошо**

Now check whether you can . . .

■ greet someone you don't know well

■ greet a child

■ say goodbye

■ ask someone's name and give your name

■ ask how someone is and say how you are

■ say 'Pardon?/Excuse me?/Sorry?'

Listen to the cassette as often as possible. Repeat the words and phrases
before you look at them in the book. Then read them after the cassette.
Finally, try to read them without listening to the cassette. By doing this you
should find that you will soon be reading Russian without any prompts.

Я англича́нин

- asking someone's nationality
  - ... and stating yours
- saying whether you are married
- using the numbers 0 to 4

В Росси́и ...

people are friendly and hospitable. If you can ask a few simple questions and say a little about yourself, the Russians you meet will be delighted.

Remember that if you speak Russian you should also be understood in many of the new independent republics, e.g. **Гру́зия** *Groozeeya* (Georgia), **Украи́на** *Ookraeena* (Ukraine), **Белору́ссия** *Byelaroosseeya* (Belarus).

Asking someone's nationality . . .

1 Listen to these key phrases.

Вы / Ты . . .
Vy / ty . . .

Are you (formal / informal) . . .

. . . англича́нин / англича́нка?
angleechaneen / angleechanka?

. . . English (m. / f.)?

Да, я . . .
Da, ya . . .

Yes, I am . . .

Нет, я не . . .
Nyet, ya nye . . .

No, I'm not . . .

. . . англича́нин / англича́нка

. . . English (m. / f.)

По-ру́сски . . .

there are no words for 'am, is, are'. You simply say **я** (I) for 'I am' and **вы / ты** (you) for 'you are'.

2 Listen as Olga asks four summer school students (**студе́нты**, *stoodyenty*) about themselves. Tick which nationality each of them is:

	English	American	Australian	Canadian
David	■	■	■	■
Ann	■	■	■	■
Lisa	■	■	■	■
Mark	■	■	■	■

По-ру́сски . . .

there are no words for 'the' or 'a', but Russians do distinguish between masculine and feminine. The key is in the word ending.

Many masculine words end in a consonant (**англича́нин, студе́нт**), while many feminine words end in -**a** (**англича́нка, студе́нтка**).

. . . and stating yours

3 Listen to the cassette and repeat the following countries.

Can you match the English with the Russian?

a	**Аме́рика**	Russia
b	**Кана́да**	Britain
c	**А́нглия**	Australia
d	**Росси́я**	England
e	**Брита́ния**	America
f	**Австра́лия**	Canada

4 Now match the letter of the country above to the corresponding nationality below. How many are women?

1 **Я ру́сский**
Ya roosskeey

2 **Я англича́нка**
Ya angleechanka

3 **Я кана́дец**
Ya kanadets

4 **Я америка́нка**
Ya amereekanka

5 **Я австрали́ец**
Ya avstraleeyets

6 **Я брита́нец**
Ya breetanets

По-ру́сски . . .

он, *on*, (he) means 'he is' and **она́**, *ana*, (she) means 'she is'.

5 Olga has written down the nationality of some of her students and fellow teachers. Give their nationality in English. Are they men or women?

	nationality		male	female
a	**Он англича́нин**	....	■	■
b	**Она́ америка́нка**	....	■	■
c	**Он ру́сский**	....	■	■
d	**Он кана́дец**	....	■	■

Saying whether you are married

1 Listen to these key phrases.

Вы / Ты . . .	Are you . . .
. . . жена́ты / жена́т? zhenaty / zhenat?	. . . married? (formal / informal, said to a man)
. . . за́мужем? zamoozhem?	. . . married? (formal / informal, said to a woman)
Да, я жена́т / за́мужем	Yes, I am married (m. / f.)
Нет, я не жена́т / за́мужем	No, I am not married (m. / f.)

2 Listen, and tick which students tell Olga they are married.

Дави́д ▮	**Анн** ▮	**Ли́са** ▮	**Марк** ▮
David	Ann	Lisa	Mark

3 Listen to Olga introducing herself to her students, and tick the statements which are true. Listen out for the word **москви́чка** (*maskveechka*), which means a woman from Moscow.

a Her name is Olga Sergeyevna
b Her father's name is Ivan
c She is Russian
d She is married

4 She now asks her students to introduce themselves in the same way. Complete the register for her in English.

Name	Nationality	Marital status
a		
b		
c		
d		

Using the numbers 0 to 4

1 Listen to the following numbers.

0	1	2	3	4
ноль	**оди́н**	**два**	**три**	**четы́ре**
nol	adeen	dva	tree	chetyre

2 Olga is teaching her summer class these numbers. Enter the figures 0 to 4 as you hear them.

a ....

b ....

c ....

d ....

e ....

3 She gives them a few simple sums. Put in the missing figure as in the example.

a **оди́н +** 2 **= три**

b **четы́ре -** _____ **= оди́н**

c _____ **+ оди́н = два**

d **оди́н + три =** _____

4 Olga wants her class to do some more reading practice. Listen as she reads the following and write the numbers 1 to 8 in the order in which she reads them from the board.

Вы англича́нин?		**Да, он англича́нин**	■
Вы за́мужем?	■	**Она́ не америка́нка**	■
Ты жена́т?	■	**Она́ за́мужем**	■
Она́ москви́чка	■	**Вы жена́ты?**	■

Put it all together

1 Focus on the highlighted letters below:

а**б**в**гд**е**ё**ж**з**и**й**к**л**мнопрстуф**х**ц**ч**шщ**ъ**ь**ы**ьэ**ю**я

2 **Гг** (g)   **Жж** (zh)   **Зз** (z)   **Ии** (ee)

Жж sounds like 's' in 'pleasure'.

So read and guess the meaning of the following words:

a **газ**   *b* **газе́та**   *c* **жест**   *d* **такси́**

3 **Лл** (l)   **Чч** (ch)   **ы** (y)   **Яя** (ya)

ы sounds roughly like 'y' in 'physics'. It can never begin a word.

So read and guess the following:

a **литр**   *b* **матч**   *c* **вы**   *d* **я**

4 See how many of these words you already know or can guess:

a **ви́ски**   *b* **килогра́мм**   *c* **Че́хов**   *d* **кио́ск**
e **туале́т**   *f* **вино́**   *g* **москви́ч**   *h* **москви́чка**

5 Match the Russian with the English. Write the correct letters in the boxes.

a **Она́ за́мужем**	▬	He's a student
b **Он жена́т**	▬	I'm not English (m.)
c **Она́ студе́нтка**	▬	She's married
d **Он студе́нт**	▬	He's married
e **Я не англича́нин**	▬	She's a student

Now you're talking!

1   Imagine you're Maria Foster, an English student at a Moscow summer
    school, where you are introducing yourself to the teacher.

    ◆ Greet him.
    ◇ **Здра́вствуйте. Как вас зову́т?**
    ◆ Answer his question and find out his name.
    ◇ **Меня́ зову́т Ива́н. Как у вас дела́?**
    ◆ Say you're fine and ask if he's a Muscovite.
    ◇ **Да, я москви́ч.**
    ◆ Give your nationality.
    ◇ **О́чень рад.**
    ◆ Reply appropriately.

2   Now imagine you're Ross Smart. Give your details to the teacher.

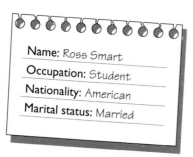

Name: Ross Smart
Occupation: Student
Nationality: American
Marital status: Married

3   Later, in the dining room, you start talking to the man sitting next to
    you. How would you ask him if he's:

    ◆ Russian?
    ◆ a Muscovite?
    ◆ a student?
    ◆ married?

Quiz

1 Would an American woman say:
   a **Я американец?** or *b* **Я американка?**
2 If a man said **Я британец**, where would he be from?
3 Put the numbers in the right order:
   a **три**   *b* **один**   *c* **четыре**   *d* **два**
4 Which country would you be from if you lived in **Канада**?
5 What is the difference in meaning between *a* **да** and *b* **нет**?
6 Which word would you insert into the middle of **Я русский** to say
   'I'm not Russian'?
   a **он**   *b* **она́**   *c* **не**
7 Which of the following is not a drink?
   a **виски**   *b* **киоск**   *c* **вино́**
8 If a woman tells you she is **москвичка**, where is she from?
9 Who is married – Ivan or Anna? **Иван не женат, а Анна**
   замужем.
10 Name this famous writer: **Чехов**.

Now check whether you can . . .

■ say yes and no

■ say what nationality you are

■ say whether you are married or not

■ ask others for this information

■ use the numbers 0 to 4

Concentrate for now on understanding and reading Russian. Listen to
the cassette frequently. As you don't yet know how to write Russian,
to help you learn new words and phrases you could try recording
them onto a cassette. Don't try to copy the printed version from the
book, since Russian has a different handwritten form (see page 6).

Это Анна

- introducing friends
  ... and members of your family
- talking about your family
- giving your phone number
- using the numbers 5 to 10

В России ...

families nowadays tend to be small, generally with one or two children. The **бабушка**, *babooshka* (grandmother), still plays an important role in looking after the children while the mother works. However, recently there has been a tendency towards mothers staying at home when the children are very young.

Introducing friends . . .

1 Listen to these key phrases.

Э́то А́нна
Eta Anna

This is Anna

Э́то мой друг
Eta moy droog

This is my friend (m.)

Э́то моя́ подру́га
Eta maya padrooga

This is my friend (f.)

Э́то мой муж
Eta moy moozh

This is my husband

Э́то моя́ жена́
Eta maya zhena

This is my wife

2 Olga, the summer school teacher, introduces two of her colleagues to David, a student. Can you work out where each name belongs in the dialogue? Write the letter of the missing name in the gap.

Olga	**Э́то моя́ подру́га** ....
David	**О́чень рад.**
Olga	**Э́то мой друг** ....
David	**О́чень рад.**

a **Ле́на** (Lyena, a woman's name)   *b* **Лев** (Lyev, a man's name)

По-ру́сски . . .

the word for 'my' is
   мой for masculine words, e.g. **мой муж**
   моя́ for feminine words, e.g. **моя́ жена́**

3 Listen to Lyena and Lyev introducing their partners to David. Tick the correct name.

Lyena's husband is: **Ви́ктор** (Victor)   **Влади́мир** (Vladimir)
Lyev's wife is: **Ла́ра** (Lara)   **Ли́дия** (Lydia)

. . . and members of your family

4 Listen to these key phrases.

У вас есть дети? Oo vas yest dyetee?	Do you have children?
Да, у меня есть . . . Da, oo menya yest . . .	Yes, I have . . .
. . . сын . . . syn	. . . a son
и . . . ee . . .	and . . .
. . . дочь . . . doch	. . . a daughter
Как его / её зовут? Kak ye<u>v</u>o / yeyo zavoot?	What is he / she called?
Его / Её зовут . . . Ye<u>v</u>o / Yeyo zavoot . . .	He / She is called . . .

Sometimes, as here, **г** is pronounced <u>v</u>.

5 Listen as David asks if Lyena and Lyev
have any children. Tick the statements
which are true **да** (yes) or false **нет** (no).

		да	нет
a	Lyena has a son	■	■
b	Lyev has a son	■	■

6 David asks Olga the names of two other friends. Listen and tick the
correct name.

The woman's name is: **Наташа** (Natasha) **Нина** (Nina)
The man's name is: **Пётр** (Pyotr) **Павел** (Pavel)

Talking about your family

1   Listen to these key phrases.

Э́то . . .
Eta . . .
              Is this . . .

   . . . ваш / твой брат?
. . . vash / tvoy brat?
              . . . your brother? (formal / informal)

   . . . ва́ша / твоя́ сестра́?
. . . vasha / tvaya sestra?
              . . . your sister? (formal / informal)

2   Nina and Pavel tell David about their families. Tick the statements which are true.

a   Nina has one sister
b   Pavel has a daughter
c   Nina has two brothers
d   Pavel is not married

3   Vera describes her family tree. Write the letters of the missing words in the gaps. Look up any new words in the glossary.

Сергей Петро́вич = Ве́ра

Никола́й   Ири́на = Андре́й

Ма́ша

a   за́мужем
b   муж
c   ба́бушка
d   дочь
e   Никола́й
f   жена́т

Меня́ зову́т Ве́ра. Я за́мужем. Э́то мой _____ Его́
зову́т Серге́й. У меня́ есть сын. Его́ зову́т _____
Он не _____ У меня́ та́кже есть _____ Её зову́т
Ири́на. Она́ _____ У неё есть дочь, ита́к я _____.

По-ру́сски . . .

У неё / него́ есть means 'she / he has'.
To ease pronunciation **н** is sometimes added to **её** and **его́**.

Giving your phone number

1 Listen to the following numbers.

5	6	7	8	9	10
пять	**шесть**	**семь**	**восемь**	**девять**	**десять**
pyat	shyest	syem	vosem	dyevat	dyesat

2 Olga is teaching her students some more numbers. Enter 5 to 10 in the order in which you hear them.

a ....   b ....

c ....   d ....

e ....   f ....

3 David and Mark give Olga their **номер телефона**, *nomer telefona* (telephone number) while resident in Moscow. Listen and make a note of them.

David ....

Mark ....

4 The code for Russia is 007, for Moscow 095 and for St Petersburg 812. Say the following two phone numbers out loud, giving the full code, then listen to the cassette to check your answers.

| Moscow | 6107252 |
| St Petersburg | 3961248 |

5 Olga gives her students some more reading practice. Listen, and note the order, 1 to 6, of what she reads.

Это моя подруга ....   **Это мой муж?** ....

У вас есть дети? ....   **Это твой брат?** ....

Как его зовут? ....   **У неё есть сын** ....

Put it all together

1 Focus on the highlighted letters below:

а**б**вг**д**е**ё**ж**з**и**й**клмно**п**рстуфхцчшщъ**ы**ь**э**юя

2 **Бб** (b)   **Дд** (d)   **Ёё** (yo)   **Йй** (y)   **Пп** (p)   **Ээ** (e)

Ёё sounds like 'yo' in 'your'.
й is used mainly after vowels. It sounds like 'y' in boy.

Read and guess the meaning of the following words:

a	**бар**	*b*	**да́ма**	*c*	**её**
d	**мой**	*e*	**парк**	*f*	**экза́мен**

3 The letter **ь** has no sound of its own. It softens the letter before it and is known as a soft sign.

Both masculine and feminine words can end in **ь**.

Guess the meaning of: **автомоби́ль** (m.)

4 Now see how many of these words you can guess:

a	**дипло́м**	*b*	**авто́бус**	*c*	**Толсто́й**
d	**экспе́рт**	*e*	**университе́т**	*f*	**трамва́й**

5 Match the Russian with the English. Write the correct letter in front of the English phrase.

a	**Э́то Ви́ктор**	I also have a son
b	**Э́то ва́ша жена́?**	This is Victor
c	**У меня́ та́кже есть сын**	Have you any children?
d	**У него́ есть сын**	What's her name?
e	**Как её зову́т?**	He has a son
f	**У вас есть де́ти?**	Is this your wife?

Now you're talking!

1 Imagine you're Ben Carter and the teacher at the summer school is asking you about your family. You show her the photograph below.

◆ Tell her you are married.
◇ **Это ва́ша жена́?**
◆ Say yes and give her name.
◇ **У вас есть де́ти?**
◆ Say you have a son and give his name.
◇ **Он жена́т?**
◆ Explain that he's not married but he has a daughter.
◇ **А . . . , хорошо́.**

2 Now imagine you are Lisa Parker. Give your details to the teacher.

Name:	Lisa Parker
Occupation:	Student
Nationality:	English
Marital status:	Married
No. of children:	A daughter
Child's name:	Vanessa

Quiz

1   To say 'my sister' would you use *a* **мой** or *b* **моя** in front of **сестра́**?

2   If someone asked: **Э́то твой брат?** would they be using the formal or informal 'your'?

3   Put the numbers in the right order:
     a **семь**   *b* **де́сять**   *c* **шесть**   *d* **во́семь**   *e* **пять**   *f* **де́вять**

4   What would you be giving someone if you gave them your **но́мер телефо́на**?

5   Which is the odd one out?
     a **авто́бус**   *b* **парк**   *c* **трамва́й**

6   Name this famous writer: **Толсто́й**.

7   What does **та́кже** mean?

8   If you said: **Э́то моя́ подру́га** would you be introducing a male or female friend?

Now check whether you can . . .

- ▨ introduce someone – male or female

- ▨ talk simply about your family / friends

- ▨ ask others for similar information

- ▨ give your phone number and use the numbers 5 to 10

A good way to practise introducing people is to use a family photograph. Point to each person and say who they are:

e.g. **Э́то мой брат Дави́д**   **Э́то моя́ сестра́ А́нна**

The following words might come in useful:

ма́ма / мать (mama / mat)	mum / mother
па́па / оте́ц (papa / atyets)	dad / father
де́душка (dyedooshka)	grandfather
тётя (tyotya), **дя́дя** (dyadya)	aunt, uncle

4 четы́ре

Чай, пожа́луйста

- ordering a drink in a bar or café
- offering, accepting or refusing a drink
- using the numbers 11 to 20

В Росси́и . . .

you can get a drink or snack in a **бар** (bar) or **кафе́** (café), although it can be rather expensive. The **бар** is open until late at night and often has music and dancing. You place your order with the **барме́н** (barman), but the **кафе́** can be self-service.

In the street you will find a **кио́ск** (kiosk) where you can buy **моро́женое**, *marozhenoye* (ice cream), which is very popular even in the sub-zero temperatures of winter.

Ordering a drink . . .

| Listen to these key phrases.

Что вам угóдно? Shto vam oogodna?	What would you like?
Чай, пожáлуйста Chay, pazhalsta	Tea, please
Кóфе, пожáлуйста Kofye	Coffee, please
Хорошó	OK, that's fine
Спасúбо	Thank you
Пожáлуйста	You're welcome

2 Anna orders a drink in the hotel. Listen and decide whether she orders tea or coffee.

3 The family next to her orders four different drinks. Who has what?

	водá vada (water)	**винó** veeno (wine)	**пúво** peeva (beer)	**лимонáд** leemonad (lemonade)
пáпа				
мáма				
сын				
дочь				

По-рýсски . . .

all nouns are masculine (m.), feminine (f.) or neuter (n.).
Masculine nouns usually end in a **consonant** or **й**: **лимонáд, чай**
Feminine nouns usually end in **-a** or **-я**: **водá, тётя**
Neuter nouns usually end in **-o** or **-e**: **винó, морóженое**

As there is no word for 'the' or 'a', **чай** can mean 'tea', 'a tea' or 'the tea'.

. . . in a bar or café

4   Listen as other people arrive and order drinks.

What does the man order?

Does the woman have her coffee **с са́харом**, *s sakharom* (with sugar) or **без са́хара**, *byez sakhara* (without sugar)?

По-ру́сски . . .

the endings of nouns change in various ways after prepositions (e.g. 'with, without, in, on'):

са́хар, *sakhar* (sugar)
с са́харом, *s sakharom* (with sugar)
без са́хара, *byez sakhara* (without sugar)

For the moment just learn these as set phrases.

---

5   How does Tanya order her coffee? Does she want any sugar?

    a   with milk (**с молоко́м**, *s malakom*)
    b   without milk (**без молока́**, *byez malaka*)

6   Listen as Ivan orders tea, and decide whether he wants it with sugar, milk or lemon.

7   Does Victor order sparkling (**с га́зом**, *s gazom*) or still (**без га́за**, *byez gaza*) mineral water?

8   How would you ask for:

    ●   a beer?
    ●   a coffee with milk?
    ●   tea without sugar?

Offering, accepting or refusing a drink

1 Listen to these key phrases.

Что вы хотите?
Shto vy khateetye?

What would you like (formal)?

Что ты хочешь?
Shto ty khochyesh?

What would you like (informal)?

. . . а вы / ты?

. . . and for you (formal / informal)?

Да, пожалуйста

Yes, please

Нет, спасибо

No, thank you

2 Anna is in the hotel bar. Listen as she offers one of the visitors a drink.

What does he ask for?

When he thanks her, which of the following words does Anna use to say 'You're welcome'?

a **Хорошо**   *b* **Пожалуйста**   *c* **Спасибо**

3 Katya and Misha, two of Anna's colleagues, come into the bar, so she offers them a drink too. Katya wants a fruit juice (**сок**, *sok*). What does Misha order? Which phrase does Anna use to Katya and why?

a **Что вы хотите?**   *b* **Что ты хочешь?**

По-русски . . .

вы (you) is used to address more than one person, as well as one person in a formal situation.

Sometimes the word for 'you' is left out altogether:
Что хочешь? (What would you like?)

Using the numbers 11 to 20

1 Olga has taken her summer school class out for the day. Ten of the students have already set off with two other teachers. Listen as she does a head count of the others.

11	одиннадцать	16	шестнадцать
12	двенадцать	17	семнадцать
13	тринадцать	18	восемнадцать
14	четырнадцать	19	девятнадцать
15	пятнадцать	20	двадцать

2 They all go into a café and Olga has to order for everyone. Listen to her order and fill in the number of drinks and ice creams ordered:

Лимонад ....

Пепси-кола ....

Мороженое ....

3 Back in class Olga gives her students some number practice. Write down in the spaces the numbers that you hear.

a .... b .... c .... d .... e ....

4 She also asks them to put the following dialogue in the correct order. Can you? Number the phrases one to five appropriately.

Коньяк, пожалуйста.
Что ты хочешь?
Пожалуйста.
Коньяк? Хорошо.
Спасибо.

Put it all together

1   Once you've studied the following highlighted letters, you'll have reached the end of the Russian alphabet! **Бра́во!** Well done!

абвгдеёжзийклмнопрсту**ф**х**ц**ч**шщъ**ыь**э**ю**я**

2   **Фф** (f)   **Цц** (ts)   **Шш** (sh)   **Щщ** (shch)   **Юю** (yu)

Цц sounds like 'ts' in 'pets'
Щщ sounds like 'shch' in 'pushchair'

So read and guess the meaning of the following words:

a **фа́нта**   *b* **центр**   *c* **шампа́нское**   *d* **борщ**   *e* **меню́**

3   Like the soft sign **ь**, the hard sign **ъ** has no sound of its own, and is rarely used. Between a consonant and a vowel, it can indicate a slight pause between the two sounds. Listen to the pronunciation of **съезд**, which means 'congress', and **объе́кт**, which you can probably guess. If not you'll find the answer on page 105.

4   You now have the Russian alphabet under your belt, so have some fun reading and translating the following:

a **администра́тор**   *b* **телефо́н**   *c* **конце́рт**
d **Чайко́вский**   *e* **Росси́я**   *f* **Санкт-Петербу́рг**

5   Match the Russian with the English. Write the correct letter in front of the English phrase.

a **Пи́во, пожа́луйста**   Coffee without sugar
b **Что вам уго́дно?**   Tea with milk
c **Чай с молоко́м**   You're welcome
d **Ко́фе без са́хара**   A beer, please
e **Пожа́луйста**   What would you like?

Now you're talking!

1　You're attending a conference in St Petersburg with Andrey, a Russian business colleague, whom you've got to know very well.

- ◆ In the bar you ask him what he'd like to drink.
- ◇ **Пи́во, пожа́луйста.**
- ◆ As you are about to order, his wife, whom you've only met once before, joins you both. Ask her what she'd like.
- ◇ **Пе́пси-ко́ла, пожа́луйста.**
- ◆ Now greet the barman and order a beer, a coke and a lemonade.

2　Now imagine you're in a café in Novgorod.

- ◆ Greet the waitress.
- ◇ **Здра́вствуйте. Что вам уго́дно?**
- ◆ Order a tea.
- ◇ **С са́харом?**
- ◆ Say with sugar but no milk.
- ◇ **Хорошо́.**
- ◆ When the drink arrives, thank the waitress.
- ◇ **Пожа́луйста.**

3　Try the following:

- ◆ ask your good friend Igor if he wants a coffee
- ◆ ask if he wants the coffee with sugar
- ◆ check if he wants it with milk
- ◆ finally, order his coffee with milk but no sugar.

1 Which is the odd one out?
   a сáхар *b* молокó *c* чай *d* кóфе
2 Which alcoholic drink would you get if you ordered **коньяк**?
3 Put the numbers in the right order:
   a восемнáдцать *b* семнáдцать *c* девятнáдцать
4 Give the three English meanings of **кóфе**.
5 Are nouns ending in **-о** m., f. or n.?
6 What would you get with your tea if you ordered **чай с лимóном**?
7 What would you get if you ordered **морóженое**?
8 If you asked for **минерáльная водá без гáза** would you get still
   or sparkling mineral water?
9 Who is the **бармéн**?

Now check whether you can . . .

■ order a drink in a bar / café

■ offer someone a drink

■ accept or refuse politely when someone offers you a drink

■ say whether you want your drink with or without something

■ use the numbers 11 to 20

Now that you've completed the alphabet, go back to the beginning
of the book and read all the Russian words and phrases
you've met so far. Check your pronunciation with the cassette.

Don't worry at this stage about making mistakes or about words
changing their endings, e.g. **сáхар / с сáхаром**. If you know the
basic word you'll be able to make yourself understood. As you gain
confidence, you'll find it easier to focus on the detail.

Контро́льная рабо́та 1

1 Olga is interviewing one of her summer school students.
Listen, and tick the details that match what he tells her.

Ро́бин Мо́рсон	англича́нин ☐	австрали́ец ☐
Он	жена́т ☐	не жена́т ☐
У него́ есть	сын ☐	дочь ☐
Его́ зову́т	Кри́стиан ☐	Кри́стофер ☐

2 David, one of the students, has become friendly with a Russian
student, Anton, who has invited him to his flat in Moscow. Listen,
then fill in the missing details in English.

David meets Anton's .... and ....

Anton's sister's name is ....

She says she is ....

David is from ....

3 Listen as Anton offers David a drink. Tick the drink he is *not* offered.

a пи́во   *b* вино́   *c* лимона́д   *d* ко́фе   *e* чай

4 Read the names of these drinks aloud, then check your pronunciation
with the cassette. Look up the meaning of any you don't understand in
the glossary.

во́дка	конья́к	фа́нта	чай	тома́тный сок
лимона́д	вино́	джин	ко́фе	шампа́нское
ви́ски	ром	молоко́	вода́	пе́пси-ко́ла

5 From your study of the alphabet you'll have noticed that words of more than one syllable have a stress mark, which in turn affects the pronunciation of the other vowels. See if you can read and understand the names of these countries. Then check your pronunciation with the cassette, paying particular attention to how the word is stressed. Look up any words you're unsure of in the glossary.

Ирла́ндия	Уэ́льс	Шотла́ндия
Ита́лия	Испа́ния	Фра́нция
Гре́ция	Болга́рия	Герма́ния

6 Link the questions to the answers, e.g. 1 h.

1 Как вас зову́т?
2 Вы англича́нка?
3 Вы за́мужем?
4 У вас есть де́ти?
5 Как его́ зову́т?
6 Как у вас дела́?
7 Что вам уго́дно?
8 Вы хоти́те ко́фе?

a Да, я за́мужем.
b Его́ зову́т Ива́н.
c Да, пожа́луйста, с са́харом.
d Спаси́бо, хорошо́.
e Чай, пожа́луйста.
f Да, у меня́ есть сын.
g Нет, я ру́сская.
h Меня́ зову́т Ири́на.

7 Add the following numbers and write the answer in figures.

a	шестна́дцать + трина́дцать	=
b	четы́рнадцать + пять	=
c	семь + восемна́дцать	=
d	два́дцать + оди́ннадцать	=
e	двена́дцать + девятна́дцать	=

8 Choose the expression that fits each context.

1 In reply to **Как дела?**
2 The opposite of **Нет**.
3 You haven't heard something properly.
4 In reply to **Спасибо**.
5 Saying 'Goodbye'.
6 You're introduced to someone.

a Простите?

b До свидания

c Очень рад

d Да

e Спасибо, хорошо

f Пожалуйста

9 Write the letter of the missing word in the appropriate gap.

1 **Это Бен. Он** ....   *a* **Иван**
2 **У** .... **есть сестра.**   *b* **американка**
3 .... **зовут Ольга.**   *c* **англичанин**
4 **Очень** ....   *d* **меня**
5 **Меня зовут** ....   *e* **рад**
6 .... **у вас дела?**   *f* **Её**
7 **Это Никола. Она** ....   *g* **Как**

Take the first letter of each missing Russian word to find the name of a country.

10 Elizabeth, a friend's daughter, has received the following letter from a Russian pen friend. The letter is typed but Masha has handwritten the beginning and her name. Can you translate it for Elizabeth? Any words you're unsure of can be found in the glossary.

Дорогая Элизабет

Меня зовут Máша. Я москвичка. Я студéнтка в Москвé. Мой пáпа инженéр и моя мáма гид. У меня есть сестрá. Её зовýт Натáша. Онá шкóльница. У меня тáкже есть бáбушка. Мой нóмер телефóна: 007 095 1670355. До свидáния.

Máша

дорогáя (f.) dear
инженéр engineer
гид guide
шкóльница schoolgirl
в in
и and

You should be very proud of how much Russian you can read, understand and speak already. Don't try to write Russian yet – if you compare the printed and handwritten words from Elizabeth's letter, you will see that some letters look very different.

| **Дорогáя Элúзабет** | *Дорогая Элизабет* |
| **Máша** | *Маша* |

5

Скажите, пожалуйста, где гостиница?

- asking where something is
  . . . and how far it is
- asking where someone lives
- using the numbers 21 to 199

В России . . .

many of the towns are rich in history, with beautiful squares, boulevards and interesting buildings. If you visit a **музей** (museum) you will find it packed with foreign and Russian tourists alike. **В Москве** (in Moscow) be sure to go to the **Кремль** (Kremlin), while **в Санкт-Петербурге** (in St Petersburg) no trip would be complete without a visit to the **Эрмитаж** (Hermitage Museum).

Asking where something is . . .

1 Listen to these key phrases.

Прости́те, пожа́луйста	Excuse me, please
Скажи́те, пожа́луйста	Tell me, please
Где?	Where?
Где гости́ница?	Where is the hotel?
Где рестора́ны?	Where are the restaurants?
Иди́те . . .	Go . . .

. . . пря́мо

. . . нале́во **. . . напра́во**

2 Listen as Lisa asks Olga where the following places are. Say where she wants to go in English, and tick the direction she should take.

	left	straight on	right
a **по́чта**			
b **метро́**			
c **теа́тр**			
d **гости́ница**			
e **рестора́н**			
f **музе́й**			

По-ру́сски . . .

nouns change their endings for the plural. There are a variety of endings which you will need to learn at a later stage. One of the most common endings is: **ы**

'Где гости́ницы?'	Where are the hotels?
'Где рестора́ны?'	Where are the restaurants?

. . . and how far it is

3 Listen to these key phrases.

Это далеко?	Is it far?
Да, далеко	Yes, it's a long way
Нет, недалеко	No, it's not far
Десять минут пешком	Ten minutes on foot
Пять минут автобусом	Five minutes by bus
Один километр	One kilometre

4 Lisa now asks Olga if the places are far away. Listen and fill in the distance. Then tick whether she is told to go by bus or on foot.

				on foot	by bus
a	The theatre is	....	minutes	▨	▨
b	The museum is	....	minutes	▨	▨
c	The post office is	....	minutes	▨	▨
d	The hotel is	....	minutes	▨	▨
e	The restaurant is	....	minutes	▨	▨
f	The underground is	....	minutes	▨	▨

По-русски . . .

the words for 'one' are **один** (m.) **одна** (f.) **одно** (n.)
Два (two) only has two forms: **два** (m., n.) and **две** (f.)

From two onwards, nouns change their endings after numbers:

masculine	feminine	neuter
один километр	**одна минута**	**одно место** (place)
два километра	**две минуты**	**два места**
пять километров	**пять минут**	**пять мест**

These rules take time to get used to – for the moment, just concentrate on understanding the number and the noun.

Asking where someone lives

1 Listen to these key phrases.

Где вы живёте?	Where do you live (formal)?
Где ты живёшь?	Where do you live (informal)?
Я живу . . .	I live . . .
. . . в Санкт-Петербурге	. . . in St Petersburg
. . . в Новгороде	. . . in Novgorod
. . . в Волгограде	. . . in Volgograd

2 Listen to Olga asking some of her students where they live. Write down their home town in English.

Lisa   ....

David   ....

Mark   ....

Ann   ....

3 Olga asks two colleagues to tell her class if they live in Moscow. Listen, and write their replies in English, then tick the name of the colleague she knows quite well.

Лев   ....

Пётр   ....

По-русски . . .

after **в** (in) nouns usually change their ending to **-е** (sometimes to **-и**):

Петербург	**в Петербурге** (in (St) Petersburg)
Москва	**в Москве** (in Moscow)
Россия	**в России** (in Russia)

Some don't change at all, e.g. **в метро** (in the underground).

Using the numbers 21 to 199

1 Listen to the following numbers.

21	два́дцать оди́н	40	со́рок
22	два́дцать два	50	пятьдеся́т
23	два́дцать три	60	шестьдеся́т
24	два́дцать четы́ре	70	се́мьдесят
25	два́дцать пять	80	во́семьдесят
26	два́дцать шесть	90	девяно́сто
27	два́дцать семь	100	сто
28	два́дцать во́семь	101	сто оди́н
29	два́дцать де́вять	110	сто де́сять
30	три́дцать	142	сто со́рок два
31	три́дцать оди́н, etc.	199	сто девяно́сто де́вять

2 Olga shows her class the following envelope and reads it aloud.

She explains that **Куда́** indicates where the letter is going and **Кому́** tells us who it is being sent to.

г. / го́род (town)
ул. / у́лица (street)
д. / дом (house/block)
кв. / кварти́ра (flat)

Listen to these people from Tverskaya Street and fill in the number of the block and and flat in which they live. The first one has been done for you.

a **Д.** 13 **КВ.** 89   *b* **Д.** ▢ **КВ.** ▢

c **Д.** ▢ **КВ.** ▢   *d* **Д.** ▢ **КВ.** ▢

Put it all together

1   You are turning into **улица Чёхова** from **Тверска́я у́лица**. Where are the following places situated? Write the letters in the right places on the map.

   a **Теа́тр напра́во**   *b* **По́чта нале́во**   *c* **Метро́ пря́мо**

2   Work out the following times and distances:

   a   **три́дцать пять киломе́тров**
   b   **пятьдеся́т одна́ мину́та**
   c   **со́рок во́семь мину́т**
   d   **девяно́сто две мину́ты**
   e   **шестьдеся́т оди́н киломе́тр**
   f   **во́семьдесят три киломе́тра**

3   Unscramble the letters to find the following:

   a   a town
   b   a number
   c   a form of transport
   d   a direction

   у́гПтеребр
   кроо́с
   ро́тме
   я́рмоп

4   Match the questions to the answers:

   1   **Где музе́й?**   *a*   **Нет, пять мину́т авто́бусом.**
   2   **Э́то далеко́?**   *b*   **Нет, в Но́вгороде.**
   3   **Где ты живёшь?**   *c*   **Иди́те напра́во.**
   4   **Вы живёте в Москве́?**   *d*   **Я живу́ в Манче́стере.**

Now you're talking!

1 Outside the hotel you see Anna, the tour guide. You need to ask her where a few places are.

◆ Say 'excuse me' and ask her where the underground is.
◇ **Метро́? Иди́те нале́во.**
◆ Ask if it's far.
◇ **Нет, пять мину́т пешко́м.**
◆ Now ask her where the post office is.
◇ **По́чта? Иди́те пря́мо.**
◆ Thank her.

2 Imagine you're Mike Simpson on holiday in St Petersburg. You're looking a bit lost when a friendly Russian approaches you.

◇ **Вы ру́сский?**
◆ Say no, you're American, and ask if he's Russian.
◇ **Да, я ру́сский.**
◆ Ask him if he lives in St Petersburg.
◇ **Да. Где вы живёте?**
◆ Tell him you live in New York.
◇ **А . . . , хорошо́.**
◆ Ask him to direct you to the Hermitage Museum.
◇ **Эрмита́ж? Иди́те нале́во и пря́мо.**
◆ Ask if it's far.
◇ **Нет, де́сять мину́т пешко́м.**
◆ Thank him and say goodbye.

Quiz

1 If you were told to go **напра́во**, would you go left or right?

2 Would you put *a* **оди́н** or *b* **одна́** in front of **по́чта** to explain that there is one post office in your town?

3 Which word would not be used for 'Excuse me'?
   a **Иди́те** *b* **Прости́те** *c* **Скажи́те**

4 What is the difference in meaning between:
   a **теа́тр** and *b* **теа́тры**?

5 If you travel by bus do you go:
   a **пешко́м**? *b* **авто́бусом**?

6 Where would you live if you lived **в кварти́ре**?

7 Which of the following numbers is not divisible by five?
   a **сто** *b* **пятьдеся́т пять** *c* **со́рок два**

Now check whether you can . . .

■ ask where something is

■ ask if it's far

■ understand basic directions

■ say where you live

■ ask someone where they live

■ use the numbers 21 to 199

Practise your Russian at every opportunity. As you walk down any street, say the house numbers to yourself. When you're in town, try to name the places you know in Russian. Whenever you change direction say **нале́во, пря́мо** or **напра́во** to yourself.

Remember, don't worry about words changing their endings – just memorize the basic word to make yourself understood.

6

Э́то откры́то?

- understanding what there is in town
  . . . and when it's open
- making simple enquiries
- asking for help to understand

В Росси́и . . .

to obtain **информа́ция** (information) about a town and its amenities, ask at the **се́рвис-бюро́** (service desk) in a hotel. This should be easy to locate as it now usually has the sign in English: **INFORMATION**. All large and even some small hotels give you details of tourist attractions and opening times of museums, theatres and shops. Museum opening times vary but many shops are open seven days a week. The sign **Выходно́й день** (day off) tells you on which days things are closed.

Understanding what there is in town . . .

| Listen to these key phrases.

Вот . . .	Here's . . .
. . . план го́рода	. . . a map of the town
Здесь есть . . .	Here, there is / are . . .
. . . банк	. . . a bank
Здесь нет . . .	Here, there isn't / aren't . . .
в це́нтре	in the centre

2 Can you match the Russian words below with the English equivalents? Many are very similar and you will probably be able to guess the meaning, others you may have to look up in the glossary. Some resemble words from other languages.

банк	магази́н		park	gallery
библиоте́ка	универма́г		snackbar	department store
апте́ка	суперма́ркет		bank	cinema
кино́	бассе́йн		swimming pool	supermarket
буфе́т	парк		shop	library
галере́я	ры́нок		market	chemist's

3 Anna tells a group of tourists about some of the amenities **в го́роде** (in town). She mentions a few of the places from the list above. Tick them as you hear them. Where will you find a bank?

По-ру́сски . . .

after **нет** (there isn't/aren't) nouns change their endings:

   нет ба́нка (m.)   **нет апте́ки** (f.)   **нет вина́** (n.)

Add **-а** or **-я** for masculine and neuter singular, **-ы** or **-и** for feminine. Many neuter nouns don't change, e.g. **нет кафе́**.

. . . and when it's open

4 Listen to these key phrases.

Это открыто?	Is it open?
Это открыто	It's open
Это закрыто	It's closed
сегодня	today
se<u>v</u>odnya	

понедельник (Monday) **пн**	**четверг** (Thursday) **чт**
вторник (Tuesday) **вт**	**пятница** (Friday) **пт**
среда (Wednesday) **ср**	**суббота** (Saturday) **сб**
	воскресенье (Sunday) **вс**

По-русски . . .

days of the week are often seen in their abbreviated form.

To say 'on' a particular day of the week use **в**: **в четверг**.

Feminine names of days change their ending from **-а** to **-у**: **в среду**

5 Tanya is teaching her students the days of the week. She points to places on a map. Listen and decide whether the place is open or closed, and fill in the day in English.

	открыто	закрыто	day
a			....
b			....
c			....

Making simple enquiries . . .

I Listen to these key phrases.

Есть . . . ?	Is/are there . . . ?
Здесь есть . . . ?	Is/are there . . . here?
Простите	Excuse me/Sorry
Я не знаю	I don't know

2 Listen as Tanya asks in the café if there's a phone and a toilet, and decide whether the following are true or false.

		да	нет
a	**Здесь есть туалет**	▨	▨
b	**Туалет направо**	▨	▨
c	**Нет телефона**	▨	▨

3 Later in the street she asks a passer-by the way. Which of the following words does he use to say he doesn't know?

a **Я не русский**   *b* **Я не женат**   *c* **Я не знаю**

4 She tries again. Listen out for **потом** (then). Make a note of the instructions in English. Where does she want to go, and is it open?

По-русски . . .

to say 'it is' simply use **он** (m.) **она** (f.) **оно** (n.)
to say 'they are' use **они**

You can turn these into questions without changing the word order, just by adding a question mark and making it *sound* like a question.
Она открыта? Is it (f.) open?
Они в центре? Are they in the centre?

. . . and asking for help to understand

5 Listen to these key phrases.

Повторите, пожалуйста	Please repeat that
Говорите, пожалуйста, медленно	Speak slowly, please
Я не понимаю	I don't understand

6 David, one of Olga's students, is in the town centre, asking the way. Listen, and fill in the letters of the missing words in the gaps. **на улице Чехова** means 'in Chekhov Street'.

David	................., пожалуйста, где здесь библиотека?
Passer-by	**В центре, на улице Чехова.**
David	**Простите, я не понимаю.**
	Повторите, пожалуйста.
Passer-by	**Библиотека в** ...., **на улице Чехова.**
David	**Спасибо. Она открыта во вторник?**
Passer-by	**Да, она** ....
David	**А здесь есть банк?**
Passer-by	**Есть.**
David	**Он открыт?**
Passer-by	**Нет, сегодня** ....
David	**Говорите, пожалуйста,**
	....
Passer-by	.... **банк закрыт.**
David	**Спасибо.**
Passer-by	....

a открыта
b Сегодня
c Пожалуйста
d Скажите
e медленно
f центре
g закрыт

По-русски . . .

открыт and **закрыт** must agree with the word they describe, i.e. take a masculine, feminine or neuter form:

буфет открыт	**аптека открыта**	**кафе открыто**
буфет закрыт	**аптека закрыта**	**кафе закрыто**

Put it all together

1 Read the following notices and answer the questions.

Третьяко́вская галере́я

метро́: Третьяко́вская
откры́та: вт–вс 10.00–18.30
выходно́й день: понеде́льник

Музе́й Пу́шкина

метро́: Кропо́ткинская
откры́т: вт–пт 10.00–16.00
сб–вс 12.00–18.00

Апте́ка Фармако́н

метро́: Тверска́я
откры́та: пн–сб 08.30–20.00

    a On which day is the Tretyakov Gallery closed?
    b When is the Pushkin Museum open from 10.00 to 16.00?
    c When is it open on Sundays?
    d On which day is the chemist's closed?

2 Say which of the amenities mentioned in this unit there are in your home town.

    e.g. **Есть парк, по́чта, ...**

3 Can you say in Russian on which days the following are open and closed in your town?

    a swimming pool   *b* library   *c* post office

Now you're talking!

I **В го́роде** (in town), you stop a man in the street to ask for some information.

◆ Say 'excuse me' and ask if there's a department store here.

◇ **Да, есть, на у́лице Пу́шкина.**

◆ Say you don't understand and ask him to repeat what he said.

◇ **Да, есть, на у́лице Пу́шкина.**

◆ Ask him if the department store is open.

◇ **Да, он откры́т.**

◆ Thank him and ask if there's a chemist's here.

◇ **Апте́ка? Иди́те напра́во, пото́м пря́мо.**

◆ Ask him to speak slowly.

◇ **Апте́ка – напра́во, пото́м пря́мо.**

◆ Repeat the instructions and then ask if it's open.

◇ **Да, она́ откры́та.**

◆ Thank the man.

◇ **Пожа́луйста.**

2 Now imagine you're showing a Russian business colleague a map of your town. You'll need to be able to:

◆ say 'here's a map of the town'
◆ tell him the shops are in the centre
◆ say there is a market here on Thursday
◆ tell him that the post office is closed on Sunday
◆ say that there isn't a bank here.

Quiz

1. If you were told **Банк в це́нтре,** where would you find a bank?
2. If the **библиоте́ка** is **закры́та,** would the library be open or closed?
3. What would you have if someone gave you a **план го́рода**?
4. Which word should you use with **апте́ка** to say that it's closed?

    a **закры́т**   *b* **закры́та**   *c* **закры́то**
5. Put the following days of the week in order:

    a **четве́рг**   *b* **пя́тница**   *c* **среда́**
6. According to this sign, on which day is the shop closed?

    Выходно́й день: воскресе́нье.
7. What is the Russian for 'Repeat'?

    a **Повтори́те** or *b* **Говори́те**

Now check whether you can . . .

▨ tell someone what there is in a town

▨ ask if something is available

▨ ask if a place is open or closed

▨ say you're sorry, you don't know

▨ ask someone to repeat something and to speak slowly

▨ recognize the names of the days of the week

Learning a new language often involves guessing the meaning of words. It doesn't always work, but it's worth a try. You may be pleasantly surprised at how many Russian words sound similar to English and other languages.

Супермаркет is an example of a word recently adopted into the Russian language. **Макдо́нальдс** is now a popular eating place for many Russians. Can you guess what it is?

Ско́лько сто́ит?

- using the numbers above 200
- understanding prices
- asking for items in a shop or market

В Росси́и . . .

if you go to the **универса́м** (self-service shop) you may not need to speak a lot of Russian. However, in more traditional stores shopping can be quite a long process. You choose your goods at the counter, where you'll be told **Плати́те в ка́ссу** (Pay at the cash desk). You tell the cashier what you intend to buy and say the price. You'll then be given a **чек** (receipt) which you finally take back to the counter to receive your purchases.

Using the numbers above 200 . . .

1 Listen to the following numbers.

200	две́сти	900	девятьсо́т
300	три́ста	1000	ты́сяча
400	четы́реста	2000	две ты́сячи
500	пятьсо́т	3000	три ты́сячи
600	шестьсо́т	4000	четы́ре ты́сячи
700	семьсо́т	5000	пять ты́сяч
800	восемьсо́т	6000	шесть ты́сяч, etc.

В Росси́и . . .

the currency is the **рубль** or **р.** (rouble). There are 100 kopecks in a rouble. A new **рубль** and **копе́йка** or **к.** (kopeck) have recently been introduced, lopping three zeros off the old **рубль** prices, but you may still hear people talking in old money.

2 Match the Russian price with the correct figures.

a пять рубле́й два́дцать две копе́йки
b со́рок оди́н рубль пятна́дцать копе́ек
c ты́сяча три́ста шестьдеся́т три рубля́

41р. 15к.
1 363р.
5р. 22к.

3 Listen to the cassette and write the prices you hear.

a .... **р.** .... **к.**   *b* .... **р.** .... **к.**   *c* .... **р.** .... **к.**

По-ру́сски . . .

after 1 and compounds of 1 use **рубль** and **копе́йка**:
21р. = два́дцать оди́н рубль; 41к. = со́рок одна́ копе́йка

after 2, 3, 4 and their compounds use **рубля́** and **копе́йки**:
32р. = три́дцать два рубля́; 43к. = со́рок три копе́йки

after all other numbers use **рубле́й** and **копе́ек**.

. . . and understanding prices

4 Listen to these key phrases.

Ско́лько сто́ит?	How much is it?
Ско́лько сто́ят?	How much are they?
У вас есть . . . ?	Have you got . . . ?
Да́йте (мне), пожа́луйста, . . .	Could you give me . . . ?

5 Anna is going shopping. Read her shopping list and find out what she needs, using the glossary.

> откры́тка
> почто́вая ма́рка
> аспири́н
> фотоаппара́т
> шампа́нское
> сувени́ры

6 First, she goes into the **апте́ка**. Listen, note what she buys, and give the price.

7 Next, to **ГУМ** (GUM), a huge department store in Moscow, to buy something for her father's birthday. Listen and find out how much the two items cost, then circle the correct answer.

шампа́нское	фотоаппара́т
10p. 75к.	500p.
40p. 50к.	1000p.
255p. 50к.	2225p.

8 Finally, listen to Anna in the **по́чта** and answer these questions:

- how much is a postcard?
- how many does she buy?
- how much is a stamp for America (**в Аме́рику**)?

Asking for items in a shop . . .

1 Listen to these key phrases.

Мóжно?	May I?
Мóжно посмотрéть?	May I have a look?
Мóжно	Yes, you may/It's possible/OK
Что ещё?	Anything else?
Это всё	That's all

2 Mark is looking for something typically Russian to take home to Australia. Listen to the conversation and decide which of the following Russian souvenirs he buys.

шáпка	икрá	матрёшка	лóжки	вóдка

3 Listen to Mark at the cash desk (**кáсса**). How much does he pay for the souvenir? What does the cashier give him as well as his change (**сдáча**)?

4 How would you ask if the shop has the following, and if you can look at it/them? Listen and follow the example.

- painted wooden spoons
  У вас есть лóжки? Мóжно посмотрéть?
- vodka
- caviar
- a set of Russian dolls
- a Russian hat

. . . or market

5 Anna goes to the market. Read her shopping list and label the food shown above with the correct letter. Use the glossary if necessary.

a хлеб (батóн)
b я́блоки (килогрáмм)
c помидóры (полкилó)
d сыр (двéсти пятьдеся́т грамм)
e молокó (пакéт)

6 Listen as Anna speaks to various traders **на ры́нке** (at the market), and number the items on her list as you hear them. What does she forget to buy?

По-рýсски . . .

nouns change their endings when they follow numbers and quantities. It is possible to avoid these changes by saying the item first, e.g.:

**Помидóры – килогрáмм, пожáлуйста
Я́блоки – три, пожáлуйста**

Put it all together

1 Write the following numbers in figures.

    a тысяча девятьсот семнадцать
    b семь тысяч четыреста девяносто шесть
    c двадцать две тысячи пятьсот восемьдесят три
    d пятьсот тысяч сто пятьдесят пять

2 Match the English with the Russian phrases.

a	**Можно посмотреть?**	How much is it?
b	**Дайте, пожалуйста, . . .**	That's all.
c	**Это всё.**	How much are they?
d	**Сколько стоит?**	Have you got . . . ?
e	**У вас есть . . . ?**	Could you give me . . . ?
f	**Что ещё?**	May I have a look?
g	**Сколько стоят?**	Anything else?

3 Unscramble the conversation by numbering these phrases 1 to 5.

Семь рублей – килограмм.
Дайте, пожалуйста, полкило.
Сколько стоят?
Да, есть.
У вас есть помидоры?

4 Write the following shopping list in English.

> сыр – сто пятьдесят грамм
> батон – два
> помидоры – четыре
> минеральная вода – литр
> яблоки – полкило

Now you're talking!

1 Imagine you're in **ГУМ**, looking for a Russian souvenir to take home.

- ◆ Greet the assistant and ask if they have any souvenirs.
- ◇ **Да. Что вы хоти́те?**
- ◆ Say you don't know.
- ◇ **Вот, пожа́луйста, ло́жки и́ли матрёшка.**
- ◆ Ask if you can have a look (at them).
- ◇ **Мо́жно. Вот, пожа́луйста.**
- ◆ Ask the price of the spoons.
- ◇ **Два́дцать пять рубле́й.**
- ◆ Find out the cost of the set of Russian dolls.
- ◇ **Пятьдеся́т рубле́й.**
- ◆ You decide on the spoons. Ask for them.
- ◇ **Хорошо́. Э́то всё?**
- ◆ Say yes, that's all thank you.
- ◇ **Плати́те в ка́ссу два́дцать пять рубле́й.**

2 ◆ Go to the cash desk, say 'spoons' and give the price.
- ◇ **Пожа́луйста, чек.**
- ◆ Thank the cashier.
- ◇ **Пожа́луйста.**

3 ◆ Back at the counter, say 'here's the receipt'.
- ◇ **Пожа́луйста, ло́жки.**
- ◆ Thank the assistant.
- ◇ **Пожа́луйста.**

Quiz

1   Would you use *a* **Ско́лько сто́ит?** or *b* **Ско́лько сто́ят?** to ask the price of: **Я́блоки-четы́ре?**
2   Would you put *a* **рубль** *b* **рубля́** or *c* **рубле́й** after the number **сто четы́ре?**
3   How many **копе́йки** are there in a **рубль?**
4   What sort of shop is **ГУМ?**
5   If you are told **Плати́те в ка́ссу**, where should you go?
6   If you wanted a loaf of bread, would you ask for:
    a **паке́т** or *b* **бато́н?**
7   To ask 'Is that all?' would the sales assistant say:
    a **Мо́жно?** *b* **Ско́лько?** *c* **Э́то всё?**

Now check whether you can . . .

- ▦ use the numbers above 200

- ▦ ask how much something costs

- ▦ understand prices and simple quantities e.g. a kilo, a carton

- ▦ ask for something in a shop or market

- ▦ ask if you can look at something

When Russians speak, you may not always hear the noun ending clearly, but you'll understand the basic word. Similarly, you shouldn't worry about getting the ending wrong. You'll learn much more quickly by trying to express yourself, even if you make a few mistakes, than by saying nothing until you're word-perfect.

You can give yourself time to think by saying, for example:
Как сказа́ть по-ру́сски? (How do you say in Russian?)

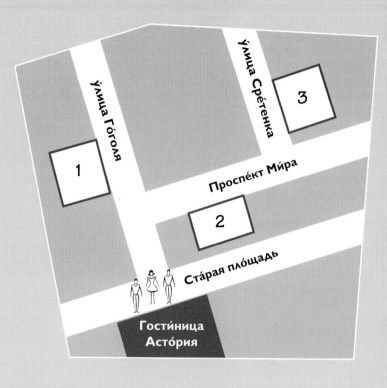

1 Listen to three people outside the Astoria Hotel being given directions. Follow their route on the map. In the spaces below write down in English the places they're looking for, and then put the corresponding letters in the correct boxes above.

a .... *b* .... *c* ....

2 Now listen and say whether the places they're looking for are open or closed.

a .... *b* .... *c* ....

3 Listen and check whether the prices you hear are the same as the ones on the list. Tick the ones that are correct and change the ones that are wrong.

во́дка – ли́тр	40р
молоко́ – пакéт	4р 40к
хлеб – батóн	3р 25к
сыр – 300г	2р 20к
помидóры – полкилó	7р 50к

4 Look at the envelope below, which has been addressed in the handwritten script. See if you can recognize any words and select the right answers below, before looking back at the printed envelope on page 45.

Now select the right answer:

a	The town is:	Moscow	Minsk
b	The apartment number is:	15	52
c	The addressee is:	Petrov	Ivanov

5 Unscramble the anagrams to find:

a a day of the week
b something you're given at the **касса**
c a place to live
d something worn on the head

асбубтó
кче
ркатрáйв
пкашá

6 Which one would you use . . .

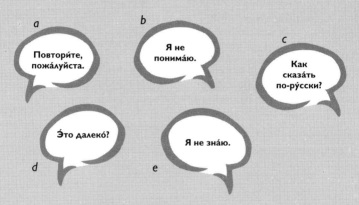

a Повтори́те, пожа́луйста.

b Я не понима́ю.

c Как сказа́ть по-ру́сски?

d Э́то далеко́?

e Я не зна́ю.

1 . . . to say you don't understand?
2 . . . if you don't know something?
3 . . . to find out how to say something in Russian?
4 . . . when you'd like to hear something again?
5 . . . to ask if something's far away?

7 Match each sentence to the place in which you're most likely to hear it.

a **Ско́лько сто́ит ма́рка в Аме́рику?**
b **У вас есть аспири́н?**
c **Пи́во, пожа́луйста**
d **Мо́жно посмотре́ть сувени́ры?**
e **Я́блоки – килогра́мм, пожа́луйста**

1 апте́ка
2 по́чта
3 ры́нок
4 бар
5 ГУМ

8 David has gone to spend a few days in St Petersburg. Read the postcard he sends to Mark, using the words below to help you. Then decide whether the statements which follow are true or false.

Дорогóй Марк,

Как делá?
Сегóдня воскресéнье. И вот я в Санкт-Петербýрге. Я живý в гостúнице 'Спорт', на ýлице Толстóго. В гостúнице есть бассéйн и сáуна. Недалекó – музéй, галерéя и кинó, пять минýт автóбусом, и тáкже красúвый парк. В цéнтре есть магазúны, универмáг, супермáркет и рýнок.
Привéт.   Давúд

ABИA PAR AVION

РОССИЯ 45

г Москва

ул.

д

ш.

Дорогóй dear (m.)
на ýлице Толстóго
inTolstoy Street (Talstova)
сáуна sauna
красúвый beautiful
Привéт Regards

		да	**нет**
a	Давúд в Нóвгороде.		
b	Он в гостúнице.		
c	Гостúница на ýлице Чéхова.		
d	В гостúнице есть сáуна.		
e	Недалекó есть музéй.		
f	Недалекó есть тáкже библиотéка.		
g	В цéнтре рýнок.		

You'll find that sometimes Russian uses far fewer words than English, e.g. **Недалекó есть музéй**, where only three words are needed to say 'Not far away there is a museum'.

Have you also noticed that some Russian words have several meanings?

Пожáлуйста (Please/Don't mention it/Here you are/After you)
Мóжно? (Is it possible?/May I?/Can we?)
Мóжно (Yes, you may/It's possible/By all means/OK)

У вас есть свобо́дный но́мер?

- checking in at reception
- asking if there's a room free
- asking which floor something is on
- making requests

В Росси́и . . .

it is getting easier to travel independently, although most tourists use organized package tours. **Интури́ст** (Intourist) still runs many hotels, but a large number of new, private enterprises are opening up. Some even offer accommodation in private homes, an ideal way to **говори́ть по-ру́сски** (talk Russian). If you book a **но́мер люкс** (luxury room) your room will be more like an apartment with a sofa, TV, fridge and a separate bedroom.

Checking in at reception

1   Listen to these key phrases.

Я заказа́л . . .	I've booked (man speaking) . . .
Я заказа́ла . . .	I've booked (woman speaking) . . .

. . . но́мер люкс

. . . одноме́стный но́мер

. . . двухме́стный но́мер

с ва́нной

с ду́шем

Ва́ша фами́лия, пожа́луйста	Your surname, please
Ваш па́спорт, пожа́луйста	Your passport, please
Вот мой па́спорт	Here's my passport

2   Anna is in reception, helping some guests to check in. Listen and fill in their room details in English below.

	type of room	bath/shower
Brown	....	....
Smith	....	....
Anderson	....	....

По-ру́сски . . .

after **с** (with), singular nouns usually change as follows:
add **-ом** or **-ем** to masculine and neuter nouns
add **-ой** or **-ей** to feminine nouns
с са́харом (m.)   **с ва́нной** (f.)   **с вино́м** (n.)

Asking if there's a room free

1 Listen to these key phrases.

У вас есть свобо́дный но́мер?	Have you got a room free?
Како́й но́мер . . .	What sort of room . . .
. . . вы хоти́те?	. . . do you want?
На ско́лько челове́к?	For how many people?
На ско́лько дней?	For how many days?
На оди́н день	For one day
На два / три / четы́ре дня	For two / three / four days
На пять / семь дней	For five / seven days

2 Listen to these people, who have arrived at the hotel without a reservation. Look at their **анке́та** (registration form) and tick the correct information. **Коли́чество** means 'number'.

Asking which floor something is on

1   Listen to these key phrases.

На како́м этаже́?	On which floor?
на пе́рвом этаже́	on the ground (literally 1st) floor
на второ́м этаже́	on the first (literally 2nd) floor

В Росси́и …

they use the same system as the Americans to refer to different
floors. When you are **на пе́рвом этаже́** (literally – on the 1st floor)
you are at ground level.

на тре́тьем этаже́	on the second (3rd) floor
на четвёртом этаже́	on the third (4th) floor
на пя́том этаже́	on the fourth (5th) floor
на деся́том этаже́	on the ninth (10th) floor

2   Which floors are those rooms on?

a   **на восьмо́м этаже́** ....   *b*   **на двена́цатом этаже́** ....
c   **на шесто́м этаже́** ....   *d*   **на девя́том этаже́** ....

3   Listen to Anna telling some guests where their rooms are. Match each
person to the correct floor.

1   **Бра́ун**   *a*   **на седьмо́м этаже́**
2   **Смит**   *b*   **на оди́ннадцатом этаже́**
3   **А́ндерсон**   *c*   **на пе́рвом этаже́**

По-ру́сски …

пе́рвый (1st), **второ́й** (2nd), etc. change their ending, as do nouns,
depending on their function in a sentence. After **на** (on) before
masculine or neuter nouns the ending is usually **-ом** (**на пе́рвом
этаже́**), and before feminine nouns, **-ой** (**на пе́рвой у́лице**).

Making requests

1 Listen to these key phrases.

Мо́жно . . .	Is it possible to/May I/we . . .
. . . посмотре́ть но́мер?	. . . look at the room?
. . . пообе́дать в гости́нице?	. . . dine in the hotel?
. . . заказа́ть такси́?	. . . book a taxi?
Мо́жно оплати́ть . . .	May I/we pay . . .
. . . креди́тной ка́ртой?	. . . by credit card?
. . . до́лларами / фу́нтами?	. . . with dollars / pounds?

2 Listen to three people talking to the **Администра́тор** (Manager) in the hotel and answer the questions.

a How does the first guest want to pay?
b Where is the taxi rank (**стоя́нка такси́**)?
c On which floor is the room offered to the second guest?
d Where is the lift (**лифт**)?
e Can the third guest dine in the hotel?

По-ру́сски . . .

Мо́жно, used on its own, means 'May I/we?' or 'You may'.
It can be followed by a verb in the infinitive (the dictionary form, usually ending in **-ть**), e.g. **Мо́жно пообе́дать?**
It can also be used with a noun to ask for something e.g.:
Ключ мо́жно? (May I/we have the key?)

Ключ мо́жно?

Put it all together

1 Unscramble the following conversation by numbering the phrases 1 to 8.

Да, есть. На сколько дней?
Можно. Вот ключ.
И на сколько человек?
На три дня.
У вас есть свободный номер?
Можно посмотреть номер?
На два.
Есть двухместный номер на седьмом этаже.

2 Find the most suitable rooms for these hotel guests.

1 **Я заказал номер с душем.**
2 **Я заказала номер с телефоном.**
3 **Я заказал одноместный номер.**
4 **У вас есть номер люкс?**
5 **Можно посмотреть номер с ванной?**

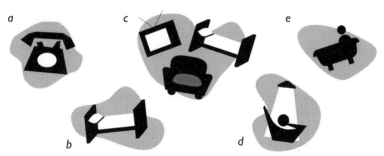

3 Match the answers with the questions.

1	**На сколько дней?**	a	**Номер с ванной.**
2	**Ресторан на каком этаже?**	b	**На пять дней.**
3	**Какой номер вы хотите?**	c	**Нет, долларами.**
4	**Можно посмотреть номер?**	d	**Да, можно. Вот ключ.**
5	**Можно оплатить фунтами?**	e	**На втором этаже.**

"Now you're talking!

I Take the part of **Мария Ивановна Петрова,** arriving at the **Гостиница 'Спутник'**.

◆ Greet the manager and ask if they have a room free.

◇ **Одноместный или двухместный номер?**

◆ Say 'a single room with a shower'.

◇ **На сколько дней?**

◆ Say 'for two days'.

◇ **Хорошо. Есть свободный номер на пятом этаже.**

◆ Ask if you can see the room.

◇ **Можно. Вот ключ.**

2 You have decided to take the room, so you return to reception.

◇ **Ваша фамилия, пожалуйста.**

◆ Give your surname.

◇ **Ваш паспорт, пожалуйста.**

◆ Say 'here's my passport'.

◇ **Спасибо.**

◆ Ask if you can dine in the hotel.

◇ **Да, ресторан открыт.**

◆ Find out on what floor the restaurant is.

◇ **На третьем этаже.**

◆ Ask if you can pay by credit card.

◇ **Да, можно.**

◆ Thank him.

◇ **Пожалуйста.**

Quiz

1   Would a man say *a* **Я заказáл** or *b* **Я заказáла**?
2   If someone asked you for your **пáспорт**, what would you give them?
3   If your room was **на пéрвом этажé** of a Russian hotel, would you be on the ground floor or first floor?
4   Who is the **Администрáтор** in a hotel?
5   If you were asked to complete an **анкéта**, what would you be given to fill in?
6   Where would you be if you were in a **лифт**?
7   If you told someone your **фамѝлия**, what would you be telling them?

Now check whether you can . . .

■ say you've booked a room

■ ask if there's a room free

■ specify the type of room you want

■ say how long you want the room for

■ ask which floor something is on

■ ask to see the room

■ ask about methods of payment

Looking up Russian words in a dictionary can at times seem confusing. For example, if you look up the word **нóмер** you'll find that it has several meanings:

> number (of a telephone);
> room (at a hotel);
> size (of clothes);
> item (at a concert).

You can usually work out the correct meaning from the context.

Когда́ отхо́дит?

- asking about public transport
- finding out train times
- buying train tickets
- finding your way around the Metro

В Росси́и . . .

there is a wide choice of public transport in towns. You can take a **трамва́й** (tram), **тролле́йбус** (trolleybus) or **авто́бус** (bus). When you buy a **тало́н** (ticket), you can travel any distance for the same price.

In Moscow and St Petersburg, as well as in some of the new republics, the **метро́** (underground) is an excellent way to travel. Again, there is only one price, but instead of a ticket, you have to buy a **жето́н** (token).

You may like to use the **по́езд** (train) to travel longer distances, and even go on the Trans-Siberian Express, the ultimate way to see Russia!

Asking about public transport

1   Listen to these key phrases.

Есть автобус до . . . ?	Is there a bus to . . . ?
Есть автобус до метро?	Is there a bus to the Metro?
Какой автобус . . .	Which bus . . .
трамвай . . .	tram . . .
троллейбус . . .	trolleybus . . .
. . . идёт до . . . ?	. . . goes to . . . ?

2   Listen to three people outside their hotel asking how to get to various places. Write down in English how they intend to travel, the number of the bus, tram or trolleybus, and where they want to go. Listen for the word **остановка** (bus, tram or trolleybus stop).

Form of transport	Number	Destination
a	....	....
b	....	....
c	....	....

По-русски . . .

до means 'to' (up to, as far as), and nouns that follow **до** usually change their endings as follows:
masculine and neuter singular nouns to **-а** or **-я**
до ресторана   to the restaurant
feminine singular nouns to **-ы** or **-и**.
до почты   to the post office

Words originating from other languages, e.g. **метро**, do not change.

3   Listen to the cassette. How would you ask:

- if there's a bus to the airport (**аэропорт**)?
- which trolleybus goes to the railway station (**вокзал**)?
- which tram goes to Pushkin Street (**улица Пушкина**)?

Finding out train times

I   Listen to these key phrases.

Когда́ отхо́дит?	When does it leave?
В кото́ром часу́ . . .	At what time . . .
. . . сле́дующий по́езд . . .	. . . is the next train . . .
. . . до Москвы́?	. . . to Moscow?
Когда́ я бу́ду в Москве́?	When will I be in Moscow?

По-ру́сски . . .

the twenty-four hour clock is widely used. To say at what time
something happens, begin with **в** (at) and use the same endings for
час (hour) as for **киломе́тр** on page 45.

в час `01:00`   **в три часа́** `03:00`   **в два́дцать часо́в** `20:00`

в трина́дцать часо́в со́рок мину́т `13:40`

---

2   Write the following times in numbers.

   a   два́дцать оди́н час пятна́дцать мину́т
   b   семна́дцать часо́в два́дцать одна́ мину́та
   c   два́дцать два часа́ со́рок три мину́ты
   d   шесть часо́в три́дцать пять мину́т

3   Listen to people at the **спра́вочное бюро́** (enquiry office) asking
    about train times, and fill in the missing departure and arrival times.

	Отправле́ние (Departure)	**Прибы́тие** (Arrival)
Оде́сса	....	....
Я́лта	....	....
Ки́ев	....	....

Buying train tickets

1 Listen to these key phrases.

Оди́н биле́т / два биле́та до . . .	One / two tickets to . . .
Биле́т в оди́н коне́ц . . .	A single ticket . . .
. . . и́ли туда́ и обра́тно?	. . . or return?
С како́й платфо́рмы . . .	From which platform . . .
. . . отхо́дит по́езд?	. . . does the train leave?

2 Listen to four people buying train tickets, and decide whether they want a single or return.

	в оди́н коне́ц	туда́ и обра́тно
Москва́	▬	▬
Но́вгород	▬	▬
Оде́сса	▬	▬
Я́лта	▬	▬

3 Listen to these passengers at the **спра́вочное бюро́** asking which platform they need. Make a note in English of their destinations and the platform numbers.

	destination	platform
a	....	....
b	....	....
c	....	....
d	....	....

Finding your way around the Metro

1 Listen to these key phrases.

Сле́дующая ста́нция . . .	The next Metro station is . . .
Вот схе́ма метро́	Here's a plan of the Metro
На́до . . .	Do you/I have to . . .
. . . купи́ть жето́н?	. . . buy a token?
. . . де́лать переса́дку?	. . . make a change?
Когда́ на́до выходи́ть?	When do I have to get off?

2 Mark is travelling on the Moscow underground for the first time. He isn't sure whether he has to buy a ticket, so he asks a Russian woman, who is very helpful and accompanies him on the train. Listen and decide whether the following statements are true or not.

		да	нет
a	На́до купи́ть биле́т	▨	▨
b	На́до де́лать переса́дку	▨	▨
c	Сле́дующая ста́нция Ки́евская	▨	▨

3 On the train, Mark hears some announcements, which tell him the station he's at, to be careful as the doors are closing, and the name of the next station:

'Ста́нция Ба́уманская . . . Осторо́жно, две́ри закрыва́ются. Сле́дующая ста́нция Сре́тенский Бульва́р.'

Listen, and as you hear them, number 1 to 4 each station he arrives at.

Пло́щадь Револю́ции	. . . .
Смоле́нская	. . . .
Ки́евская	. . . .
Арба́тская	. . . .

Put it all together

1 Select the answer for each question.

 1 **На́до купи́ть биле́т?**
 2 **С како́й платфо́рмы отхо́дит по́езд?**
 3 **Како́й тролле́йбус идёт до Эрмита́жа?**
 4 **Како́й биле́т вы хоти́те?**
 5 **Есть авто́бус до метро́?**

 a **Тролле́йбус но́мер три́дцать.**
 b **Есть. Вот напра́во – остано́вка.**
 c **Нет, в метро́ на́до купи́ть жето́н.**
 d **В оди́н коне́ц, пожа́луйста.**
 e **С платфо́рмы но́мер шесть.**

2 Work out how you would say the following in Russian, using the twenty-four hour clock.

 a at 01.00   *b* at 13.00
 c at 04.00   *d* at 16.00
 e at 07.10   *f* at 19.10

3 Choose the correct ending for each sentence.

 1 **Осторо́жно, две́ри**   *a* **Арба́тская.**
 2 **На́до де́лать**   *b* **отхо́дит в семь часо́в.**
 3 **По́езд до Ки́ева**   *c* **девяно́сто рубле́й.**
 4 **Сле́дующая ста́нция**   *d* **закрыва́ются.**
 5 **Биле́т сто́ит**   *e* **переса́дку.**

4 Unscramble the letters to find four forms of transport.

 a **во́сбаут**
 b **до́зпе**
 c **лртблйсе́уо**
 d **ймтава́р**

Now you're talking!

1 Imagine you're outside your hotel, talking to your guide. She has just recommended a visit to the **Арбáт,** a popular shopping precinct in the centre of Moscow.

- ◆ Ask if it's far.
- ◇ **Нет, дéсять минýт троллéйбусом.**
- ◆ Ask which trolleybus.
- ◇ **Троллéйбус нóмер двáдцать шесть.**
- ◆ Find out where the trolleybus stop is.
- ◇ **Вот налéво – останóвка.**

2 After your visit to the **Арбáт,** you decide to travel back on the Metro.

- ◆ At the enquiry office, ask where Kievskaya station is.
- ◇ **Вот схéма метрó и вот – Кíевская.**
- ◆ Ask if you have to change.
- ◇ **Нет, не нáдо.**

3 The next day you want to travel to St Petersburg on the overnight train.

- ◆ At the ticket office, ask for a single ticket to St. Petersburg.
- ◇ **Девянóсто рублéй.**
- ◆ Find out the time of the next train.
- ◇ **В двáдцать два часá.**
- ◆ Ask what platform the train leaves from.
- ◇ **С платфóрмы нóмер двенáдцать.**

Quiz

1. Is **жетóн** the word for a bus ticket or a Metro token?
2. What type of transport would you use at the **аэропóрт**?
3. Why would you go to the **спрáвочное бюрó**?
4. What is the difference between *a* **вокзáл** and *b* **стáнция метрó**?
5. If you were at an **останóвка** which of the following would you *not* be waiting for?

   a **трамвáй**   *b* **пóезд**   *c* **троллéйбус**
6. What sort of ticket is a **билéт тудá и обрáтно**?
7. If you are told **Нáдо дéлать пересáдку** what would you need to do?

Now check whether you can . . .

- [ ] ask which tram, trolleybus, bus goes to a particular place

- [ ] ask what time trains (or other means of transport) depart

- [ ] find out when you'll be in a particular place

- [ ] find out what platform a train leaves from

- [ ] ask for a single or return ticket

- [ ] find out if you have to change

- [ ] understand announcements on the Metro

When learning a language it can be very easy to underestimate how much you know. Go back occasionally to one of the early units to prove to yourself how much you've learnt. Remember how difficult the word **Здрáвствуйте** seemed when you first met it. A good tip to help you 'Talk Russian' is to paraphrase, i.e. simplify what you want to say, and avoid saying anything too complicated.

10 Де́сять

Прия́тного аппети́та!

- reading the menu
- asking what's available
- ordering a meal
- saying what you like and don't like

В Росси́и . . .

there is quite a wide choice of eating places. If you dine in a **рестора́н** it will almost certainly have an **орке́стр** and a dance floor. Most Russians eat out rarely, but when they do, it's not just for a meal, but rather for a real celebration where the vodka flows.

A number of restaurants offer **традицио́нная ру́сская ку́хня** (traditional Russian cooking), while others specialize in **национа́льные блю́да** (national dishes) from one of the regional restaurants such as the **Узбекиста́н** (Uzbekistan).

In a restaurant, you will often be wished **Прия́тного аппети́та!** (Enjoy your meal!).

Меню

Закуски (холодные)

икра́ (кра́сная / чёрная)
сарди́ны в ма́сле
колбаса́
грибы́ в смета́не
винегре́т

> Starters, usually a huge assortment of cold appetizers

Пе́рвые блю́да

бульо́н с пирожка́ми
щи
борщ со смета́ной
уха́

> First courses, usually **супы́** (soups), hot or cold

Вторы́е блю́да

бифште́кс натура́льный с карто́фелем
бефстро́ганов
гуля́ш
шашлы́к
ку́рица жа́реная с ри́сом
карп с гриба́ми
щу́ка в тома́те

> Second courses or **Горя́чие блю́да** (hot dishes), usually **мя́со** (meat) or **ры́ба** (fish)

Десе́рт

фру́кты
моро́женое
торт с фру́ктами
блины́ с варе́ньем

> Also referred to as **сла́дкое** (sweet course)

Напи́тки

во́дка
вино́ (бе́лое / сухо́е / кра́сное)
шампа́нское
чай (самова́р)
ко́фе
квас

> Drinks, usually **во́дка** with the starters, but all types of drink can accompany a meal

Reading the menu

Read through the following notes, then read the menu. Consult the glossary for any words you can't guess.

Drinks and dishes are often described by adjectives, which have to agree with the noun they describe:

бифште́кс нату́ра́льный (m.)	beefsteak – grilled
кра́сная икра́ (f.)	red caviar (cheaper than black caviar)
бе́лое вино́ (n.)	white wine
холо́дные заку́ски (plural)	cold starters

The following adjectives are worth knowing:

горя́чий	hot	**жа́реный**	fried/roasted
чёрный	black	**сла́дкий**	sweet

Usually the main course comes already garnished **с гарни́ром** but sometimes the vegetables or sauce may be specified using:

с (with) + endings on page 72 – or
в (in) + endings on page 46.

чай с лимо́ном (m.)	tea with lemon
борщ со смета́ной (f.)	beetroot soup with sour cream
блины́ с варе́ньем (n.)	pancakes with jam
карп с гриба́ми (pl.)	carp with mushrooms
щу́ка в тома́те (m.)	pike in tomato sauce
грибы́ в смета́не (f.)	mushrooms in sour cream
сарди́ны в ма́сле (n.)	sardines in oil/butter

Traditionally, for dessert, Russians often heat the **самова́р** and drink **чай** with **варе́нье** (jam).

Asking what's available

1 Listen to these key phrases.

Дáйте, пожáлуйста, меню	Give me a menu, please
Какúе закýски у вас есть?	What starters have you got?
Что у вас есть сегóдня . . .	What have you got today . . .
. . . на пéрвое?	. . . for the first course?
. . . на вторóе?	. . . for the main course?
. . . на десéрт?	. . . for dessert?

2 Anna and Ivan are in the restaurant '**Москóвский**'. Listen out for the polite way to call the waiter, '**Молодóй человéк**', and write down in English what they ask him for.

3 Listen as they ask what starters are available today, and number the items as you hear them. Listen out for the word **тóлько** (only). Which of their starters is not available?

a	**крáсная икрá**	*b*	**чёрная икрá**
c	**сардúны в мáсле**	*d*	**колбасá**
e	**грибы́ в сметáне**	*f*	**винегрéт**

4 They ask what soup there is. Listen and say what sort of soup Anna wants.

5 Listen as the waiter tells them what's on offer for the main course and say whether the following are true or false:

		да	нет
a	**Есть шашлы́к**		
b	**Есть щýка с грибáми**		
c	**Есть кýрица с картóфелем**		
d	**Есть бефстрóганов**		

Ordering a meal

I   Listen to these key phrases.

Слу́шаю вас	At your service (I'm listening)
Что вы рекоменду́ете?	What do you recommend?
Что вы бу́дете есть?	What will you have to eat?
Что вы бу́дете пить?	What will you have to drink?
Счёт, пожа́луйста	The bill, please

2   Another customer at the restaurant is ready to order his meal. Listen as he calls the waitress, '**Де́вушка**'. Tick what he orders from the menu on page 88.

По-ру́сски . . .

feminine singular nouns e.g. **ку́рица** change their ending from **-a** to **-y** when they are the object of a verb.

Да́йте мне ку́рицу.	Give me the chicken.
Да́йте мне матрёшку.	Give me the set of dolls.

Here **ку́рицу** and **матрёшку** are the objects of the verb 'give'.

Что вы бу́дете есть?	What will you have to eat?
Ку́рицу, пожа́луйста.	Chicken, please

Here **ку́рицу** is the object of the verb 'I'll have/eat'.

---

3   Listen as the same customer orders a drink, and say in English what he asks for. Circle the Russian word he uses.

   Во́дка   **Во́дку**

4   After his meal he asks for the bill. Listen, and choose the correct amount below:

a **250 рубле́й**   *b* **275 рубле́й**   *c* **175 рубле́й**

Saying what you like . . .

1 Listen to these key phrases.

Мне нра́вится . . .	I like . . .
Вам нра́вится . . . ?	Do you like . . . ? (formal)
Тебе́ нра́вится . . . ?	Do you like . . . ? (informal)

2 A family in the Restaurant '**Салю́т**' are having a meal. Listen as they discuss the main courses, and draw a line to match each person to the dish they like.

па́па (Ми́ша)   **ма́ма**   **сын (Пётр)**   **дочь (Ната́ша)**

a **ры́ба**   *b* **бифште́кс**   *c* **бефстро́ганов**   *d* **карп**

По-ру́сски . . .

to talk about liking something which is plural, you replace **нра́вится** with **нра́вятся,** but they sound very similar.

Вам нра́вятся сарди́ны?	Do you like sardines?
Тебе́ нра́вятся грибы́?	Do you like mushrooms?
Да, мне нра́вятся	Yes, I like them

3 How would you say you like the following? Check with the cassette.

● caviar   ● pancakes   ● red wine   ● cold starters

. . . and don't like

4 Listen to these key phrases.

Мне не нра́вится . . .	I don't like . . .
Мне о́чень нра́вится . . .	I like . . . very much
Мне бо́льше нра́вится . . .	I prefer . . .
Э́то о́чень вку́сно	This is/It's very tasty

5 Listen as the waiter begins to take their order for starters, and write down in English what the mother orders.

6 The father and son now choose their starters. Listen out for the word **коне́чно** (of course), and tick the dish they ask for.

па́па:	винегре́т / сала́т
сын:	кра́сная икра́ / чёрная икра́

7 Listen and note down in English why the daughter doesn't want a starter. Listen out for the word **ничего́** (nothing), which is a useful little word, also used to mean 'not bad/never mind'.

8 The **метрдоте́ль** (head waiter) comes to ask if everything is all right. '**Всё норма́льно?**' Listen and fit the letter of the missing word into the appropriate gap.

Метрдоте́ль	.... норма́льно?
Па́па	................, спаси́бо.
Метрдоте́ль	Тебе́ .... десе́рт?
Пётр	Да, э́то о́чень ....

a нра́вится
b Всё
c вку́сно
d Да

Put it all together

1 Match the English with the Russian phrases.

a	**с варе́ньем**	fried
b	**в тома́те**	with mushrooms
c	**жа́реный**	in butter
d	**в ма́сле**	tasty
e	**с гарни́ром**	with jam
f	**с гриба́ми**	garnished with vegetables
g	**вку́сно**	in tomato sauce

2 Put the letters for the following dishes in the correct columns.

заку́ски	пе́рвые блю́да	вторы́е блю́да	десе́рт
....	....	....	....
....	....	....	....
....	....	....	....

a **торт**   *b* **шашлы́к**   *c* **ку́рица**   *d* **икра́**   *e* **щу́ка**
f **я́блоки** *g* **борщ**   *h* **моро́женое**   *i* **щи**   *j* **винегре́т**

3 How would you say you like the following?

a **колбаса́**   *b* **помидо́ры**   *c* **ру́сские заку́ски**

Now how would you say you don't like them?

4 Unscramble the following dialogue by numbering the phrases 1 to 5.

Хорошо́. Да́йте мне, пожа́луйста, торт.
Торт с фру́ктами. Э́то о́чень вку́сно.
Слу́шаю вас.
Молодо́й челове́к!
Что вы рекоменду́ете на десе́рт?

Now you're talking!

1   Imagine you're at the **ресторáн 'Москóвский'** for a meal.

- ◆ Call the waiter and ask for the menu.
- ◇ **Вот меню́.**
- ◆ Thank him.
- ◇ **Пожáлуйста.**

2   He returns a few minutes later to take your order.

- ◇ **Слу́шаю вас.**
- ◆ Ask for sardines in oil.
- ◇ **А на пéрвое?**
- ◆ Order beetroot soup.
- ◇ **Хорошó, а на вторóе?**
- ◆ Say you like fish and ask what he recommends.
- ◇ **Сегóдня есть карп с грибáми. Э́то óчень вку́сно.**
- ◆ Order the carp with mushrooms.
- ◇ **Что вы бу́дете пить?**
- ◆ Ask him to give you a white wine.

3   He comes back while you're eating your main meal.

- ◇ **Всё нормáльно? Вам нрáвится карп?**
- ◆ Tell him that you like it very much.
- ◇ **Что вы бу́дете на десéрт?**
- ◆ Say 'nothing' and explain that you don't like dessert.

Quiz

1   What would you be given if you asked for the **меню́**?
2   If you want to call the waiter, would you say:
    a **Де́вушка!** or *b* **Молодо́й челове́к!** ?
3   Put the following dishes in the order you normally eat them:
    a **второ́е**   *b* **сла́дкое**   *c* **пе́рвое**   *d* **заку́ски**
4   If the waitress says: **Слу́шаю вас,** what should you do?
5   What drink do you associate with a **самова́р**?
6   To say you like **блины́** would you use:
    a **мне нра́вится** or *b* **мне нра́вятся**?
7   Which is the odd one out?
    a **мя́со**   *b* **ры́ба**   *c* **квас**   *d* **колбаса́**

Now check whether you can . . .

▓   understand the main points of a Russian menu

▓   ask what dishes are available

▓   order a meal with drinks

▓   say what you like and what you don't like

Бра́во! Well done! You have reached the end of Talk Russian.

And now . . . prepare yourself for **Контро́льная рабо́та 3** (checkpoint 3) with some revision. Listen to the conversations again – the more you listen the more confident you will become. You can test your knowledge of the key phrases by covering up the English on the lists. Look back at the final pages of each unit and use the quizzes and checklists to assess how much you remember.

Take every opportunity to speak Russian; if no one else is available, talk out loud to yourself.

I In the **спра́вочное бюро́** at the **вокза́л** you hear people asking about train times. Listen and match the train numbers to the correct times.

a по́езд но́мер 13   *b* по́езд но́мер 6
c по́езд но́мер 20   *d* по́езд но́мер 8

| 10:10 | | 07:30 | | 21:15 | | 23.50 |

2 You need a drink, so you ask someone where the snack-bar is. Which of these questions would you ask?

a Скажи́те, пожа́луйста, где гости́ница?
b Скажи́те, пожа́луйста, здесь есть буфе́т?
c Скажи́те, пожа́луйста, здесь есть магази́н?

3 The person you ask replies: **Вот нале́во – буфе́т.**
Should you turn to your left or your right?

4 In the **буфе́т** you look at the drinks available.

a Tick all the cold, non-alcoholic drinks
b How would you ask for a tea with lemon?

Напитки

вино́
ви́ски
во́дка
квас
конья́к

ко́фе
лимона́д
минера́льная вода́
молоко́
пе́пси-ко́ла

пи́во
тома́тный сок
фа́нта
чай
шампа́нское

5 The man standing next to you looks very friendly, so you decide to try out your Russian. Check your answers with the cassette.

    a   Greet him and tell him you're English.

    b   Ask him if he's Russian and where he lives.

    c   Tell him you like Moscow very much.

6 You then ask him where the **Гости́ница 'Пра́га'** is. Listen and write down in English the directions he gives you.

7 You've found the **Гости́ница 'Пра́га'**. At reception you are waiting behind a woman who says she's booked a double room with a shower. Which of the following do you hear her say?

    a **Я заказа́л одноме́стный но́мер с ду́шем**

    b **Я заказа́л одноме́стный но́мер с ва́нной**

    c **Я заказа́ла двухме́стный но́мер с ду́шем**

    d **Я заказа́ла но́мер люкс**

8 The receptionist tells her that her room is:
на четвёртом этаже́

What floor would she be on?

9 While you're waiting at reception, you see lots of Russian signs. Look at the following and say what they mean.

АДМИНИСТРАТОР

ТУАЛЕТ

ЛИФТ

РЕСТОРАН

САУНА

БАР

ТЕЛЕФОН

СУВЕНИРЫ

10 Now it's your turn to check in. You'll need to know how to:

- say that you've booked a single room with a bath for 3 days
- ask if you can dine in the hotel
- check which floor the restaurant is on
- make sure that you can pay by credit card

11 Later, you dine in the hotel restaurant, very keen to try **традицио́нная ру́сская ку́хня**. Listen to the cassette. You'll need to know how to ask for the following:

- mushrooms in sour cream
- clear soup with pasties
- lamb kebabs
- pancakes with jam
- a Russian soft drink made from black bread and yeast

12 After your meal you go to the **бар** for a drink. You pick up a children's magazine, '**Весёлые Картинки**' (literally 'Jolly Pictures') and see the following quiz page. You have to match a word from the left column with one from the right. Try it!

1	рубль	●	дом
2	бассéйн	●	чек
3	бар	●	музéй
4	мáрка	●	закрыт
5	квартúра	●	водá
6	кáсса	●	банк
7	Эрмитáж	●	кафé
8	открыт	●	открытка

13 Now try the word search before going up to your **нóмер**.

аптéка	кóфе	спасúбо
до свидáния	открыто	ýлица
здрáвствуйте	пóчта	центр
кафé	ресторáн	что

а	н	ц	у	е	т	й	у	в	т	с	в	а	р	д	з	а
я	к	а	е	н	г	ш	щ	л	з	х	ф	ы	в	а	п	р
и	о	л	р	д	б	э	я	ч	и	с	м	и	т	б	ю	ж
н	ь	ь	ё	о	ц	р	т	н	е	ц	у	к	е	н	г	ш
а	а	в	ы	ф	т	д	л	о	р	п	а	п	т	е	к	а
д	н	с	ч	я	э	с	у	в	т	с	в	о	р	д	з	а
и	т	и	м	с	п	й	е	т	б	о	т	ч	ю	ё	й	ц
в	е	к	у	а	т	й	у	р	т	с	в	т	р	е	н	г
с	н	а	с	е	е	ф	о	к	л	о	р	а	л	д	э	ж
о	т	и	а	м	и	т	р	в	а	х	щ	г	п	т	о	я
д	б	а	ф	е	т	ы	щ	э	ы	ф	т	м	н	у	я	г
о	в	п	х	д	т	й	и	л	ю	щ	е	о	м	ш	а	е
в	ё	п	х	о	т	ы	у	р	н	э	д	к	и	л	х	ш

Cassette scripts and answers

This section contains scripts of all the conversations. Answers which consist of words and phrases from the conversations are given in bold type in the scripts. Other answers are given separately.

Unit 1 Здра́вствуйте!

Pages 8 & 9 Saying hello, goodbye and how are you

2 • **Здра́вствуйте.**
  • Здра́вствуйте.

3 • Здра́вствуйте.
  • Здра́вствуйте.
  • **Здра́вствуй.**
  • Здра́вствуйте.
  • **Здра́вствуй.**
There are 2 young people/children.

4 • Здра́вствуйте. *(1 hello)*
  • Здра́вствуйте. *(2 hello)*
  • До свида́ния. *(3 goodbye)*
  • Здра́вствуйте. *(4 hello)*
  • До свида́ния. *(5 goodbye)*

6 • Здра́вствуйте. Как у вас дела́?
  • Спаси́бо, хорошо́. А как у вас?
  • Спаси́бо, хорошо́.
How are you?

7 • Как дела́?
  • Спаси́бо, хорошо́.
Fine, thank you.

8 1 До свида́ния.
  2 А как у вас?
  3 Здра́вствуйте.
  4 Спаси́бо, хорошо́.
  5 Как у вас дела́?
  6 Здра́вствуй.

Pages 10 & 11 Introducing yourself and asking someone's name

2 • Здра́вствуйте. Меня́ зову́т Óльга.
  • Меня́ зову́т Ива́н.
  • Меня́ зову́т Та́ня.
  • А меня́ зову́т Ви́ктор.
Olga, Ivan, Tanya, Victor.

4 • Здра́вствуйте. Как вас зову́т?
  • Меня́ зову́т Ви́ктор.
  • **Прости́те?**
  • Меня́ зову́т Ви́ктор.
  • **Óчень ра́да.**
  • Óчень рад.
She says 'Óчень ра́да' because a woman says 'pleased to meet you' in a different way from a man.

5 | Anna | Здра́вствуйте. |
Tanya	(b) **Здра́вствуйте.**
Anna	Как (d) **вас** зову́т?
Tanya	Меня́ зову́т Та́ня.
	(a) **Как** вас зову́т?
Anna	(e) **Меня́** зову́т Áнна, а как тебя́ зову́т?
Boris	Меня́ зову́т Бори́с.
Anna	Óчень ра́да.
Boris	(c) **Óчень** рад.

6 1 Меня́ зову́т Áнна.
  2 Как вас зову́т?
  3 Óчень рад.
  4 Как тебя́ зову́т?
  5 Прости́те?
  6 Как дела́?

Page 12 Put it all together

2 *a* but/and; *b* how; *c* mum; *d* tact; *e* atom; *f* coma; *g* attack; *h* comet.

3 *a* underground/metro; *b* theatre; *c* restaurant; *d* tractor; *e* course; *f* Moscow; *g* orchestra; *h* character.

4 *a* Goodbye; *b* What's your name?;
c My name's Anna; *d* Pleased to
meet you; *e* How are you?

Page 13 **Now you're talking!**

1 • **Здра́вствуйте.**
• Здра́вствуйте. Как у вас дела́?
• **Спаси́бо, хорошо́. А как у
вас?**
• Спаси́бо, хорошо́.

• **Здра́вствуйте. Меня́ зову́т
+ *your name*.**
• О́чень рад. Меня́ зову́т Ива́н.
• **Прости́те?**
• Меня́ зову́т Ива́н.
• **До свида́ния.**

2 • **Здра́вствуйте.**
• Здра́вствуйте.
• **Здра́вствуй.**
• Здра́вствуйте.
• **Как тебя́ зову́т?**
• Меня́ зову́т Са́ша.
• **Как дела́?**
• Спаси́бо, хорошо́.

3 • **Здра́вствуйте.**
• **Как вас зову́т?**
• **Как у вас дела́?**
• **До свида́ния.**

Page 14 **Quiz**

1 c; *2* Moscow; *3* His mum; *4* In a
restaurant; *5* b; *6* very well; *7* a; *8* b;
9 b; *10* a.

Unit 2 **Я англича́нин.**

Pages 16 & 17 **Asking someone's
nationality and stating yours**

2 • Дави́д, вы америка́нец?
• Нет, я не америка́нец. Я
кана́дец.
• Анн, а вы америка́нка?

• Да, я америка́нка.
• Ли́са, вы америка́нка?
• Нет, я англича́нка.
• Марк, а вы англича́нин?
• Нет, я не англича́нин. Я
австрали́ец
David is Canadian; Ann is American;
Lisa is English; Mark is Australian.

3 *a* America; *b* Canada; *c* England;
d Russia; *e* Britain; *f* Australia.

4 *1d; 2c; 3b; 4a; 5f; 6e.*
2 and 4 are women.

5 *a* Englishman; *b* American woman;
c Russian man; *d* Canadian man.

Page 18 **Saying whether you are
married**

2 • Дави́д, вы жена́ты?
• Да, я жена́т.
• Анн, вы за́мужем?
• Нет, я не за́мужем.
• Ли́са, вы за́мужем?
• Да, я за́мужем.
• Марк, вы жена́ты?
• Нет, я не жена́т.
David and Lisa are married.

3 • Меня́ зову́т О́льга Ива́новна. Я
ру́сская. Я москви́чка. Я не
за́мужем.
b and c are true.

4 • Меня́ зову́т Анн. Я америка́нка.
Я не за́мужем.
• Меня́ зову́т Ли́са. Я
англича́нка. Я за́мужем.
• Меня́ зову́т Дави́д. Я кана́дец.
Я жена́т.
• Меня́ зову́т Марк. Я
австрали́ец. Я не жена́т.
Ann – American – unmarried; Lisa –
English – married; David – Canadian –
married; Mark – Australian –
unmarried.

Page 19 Using the numbers 0 to 4

2 *a* 2; *b* 4; *c* 3; *d* 1; *e* 0.

3 *a* 2; *b* 3; *c* 1; *d* 4.

4 *1* Она́ не америка́нка.
2 Вы англича́нин?
3 Вы жена́ты?
4 Да, он англича́нин.
5 Она́ за́мужем.
6 Вы за́мужем?
7 Она́ москви́чка.
8 Ты жена́т?

Page 20 Put it all together

2 *a* gas; *b* newspaper; *c* gesture;
d taxi.

3 *a* litre; *b* match (sport);
c you (formal); *d* I.

4 *a* whisky; *b* kilogram(me);
c Chekhov; *d* kiosk; *e* toilet;
f wine; *g* a Muscovite (m.);
h a Muscovite (f.).

5 *a* She's married; *b* He's married; *c* She's a student; *d* He's a student; *e* I'm not English (m.).

Page 21 Now you're talking!

1 • **Здра́вствуйте.**
• Здра́вствуйте. Как вас зову́т?
• **Меня́ зову́т Мари́я Фо́стер. Как вас зову́т?**
• Меня́ зову́т Ива́н. Как у вас дела́?
• **Спаси́бо, хорошо́. Вы москви́ч?**
• Да, я москви́ч.
• **Я англича́нка.**
• О́чень рад.
• **О́чень ра́да.**

2 • **Меня́ зову́т Росс Смарт.**
• **Я студе́нт.**
• **Я америка́нец.**
• **Я жена́т.**

3 • **Вы ру́сский?**
• **Вы москви́ч?**
• **Вы студе́нт?**
• **Вы жена́ты?**

Page 22 Quiz

1 b; *2* Britain; *3* b d a c; *4* Canada; *5*
a Yes *b* No; *6* c; *7* b; *8* Moscow; *9*
Anna; *10* Chekhov.

Unit 3 Э́то А́нна

Pages 24 & 25 Introducing friends and members of your family

2 Olga   Э́то моя́ подру́га *(a)*
         Ле́на. *(Lyena)*
David   О́чень рад.
Olga   Э́то мой друг *(b)* **Лев.**
         (Lyev)
David   О́чень рад.

3 • Э́то мой муж **Ви́ктор.** *(Victor)*
• Э́то моя́ жена́ **Ли́дия.** *(Lydia)*

5 • Ле́на, у вас есть де́ти?
• Да, у меня́ есть сын.
• Лев, у вас есть сын?
• Нет, у меня́ есть дочь.
a Да   *b* Нет.

6 • Э́то моя́ подру́га.
• Как её зову́т?
• Её зову́т **Ни́на.** *(Nina)*
• О́чень рад.
• О́чень ра́да.
• А э́то мой друг.
• Как его́ зову́т?
• Его́ зову́т **Па́вел.** *(Pavel)*

Page 26 Talking about your family

2 • Ни́на, у вас есть брат?
• Да, два.
• Па́вел, у вас есть сестра́?
• Да, её зову́т Со́ня.

- У вас есть де́ти?
- Нет, я не жена́т.

c and d are true

3 Меня́ зову́т Ве́ра. Я за́мужем. Э́то мой *(b)* **муж**. Его́ зову́т Серге́й. У меня́ есть сын. Его́ зову́т *(e)* **Никола́й**. Он не *(f)* **жена́т**. У меня́ та́кже есть *(d)* **дочь**. Её зову́т Ири́на. Она́ *(a)* **за́мужем**. У неё есть дочь, ита́к я *(c)* **ба́бушка**.

Page 27 **Giving your phone number**

2 *a* 6; *b* 8; *c* 10; *d* 9; *e* 7; *f* 5.

3 Меня́ зову́т Дави́д. Мой но́мер телефо́на **1670521** *(David)* Меня́ зову́т Марк. Мой но́мер телефо́на **9324186** *(Mark)*

5 *1* У вас есть де́ти?
   2 Э́то мой муж.
   3 Э́то твой брат?
   4 Э́то моя́ подру́га.
   5 У неё есть сын.
   6 Как его́ зову́т?

Page 28 **Put it all together**

2 *a* bar; *b* lady; *c* her; *d* my; *e* park; *f* examination.

3 car.

4 *a* diploma; *b* bus; *c* Tolstoy; *d* expert; *e* university; *f* tram.

5 *a* This is Victor; *b* Is this your wife? *c* I also have a son; *d* He has a son; *e* What's her name? *f* Have you any children?

Page 29 **Now you're talking!**

1 • **Я жена́т.**
   • Э́то ва́ша жена́?
   • **Да, её зову́т Ри́та.**
   • У вас есть де́ти?
   • **Да у меня́ есть сын. Его́ зову́т Грег.**
   • Он жена́т?
   • **Он не жена́т. У него́ есть дочь.**
   • А . . . , хорошо́.

2 • **Меня́ зову́т Ли́са Па́ркер.**
   • **Я студе́нтка.**
   • **Я англича́нка.**
   • **Я за́мужем.**
   • **У меня́ есть дочь.**
   • **Её зову́т Ване́сса.**

Page 30 **Quiz**

1 b; *2* informal; *3* e c a d f b; *4* your phone number; *5* b; *6* Tolstoy; *7* also; *8* female.

Unit 4 **Чай, пожа́луйста**

Pages 32 & 33 **Ordering a drink in a bar or café**

2 • Что вам уго́дно?
   • Ко́фе, пожа́луйста.
coffee.

3 • Что вам уго́дно?
   • Пи́во, пожа́луйста.
   • Вино́, пожа́луйста.
   • Лимона́д, пожа́луйста.
   • Вода́, пожа́луйста.
   • Пи́во, вино́, лимона́д и вода́? Хорошо́.
па́па: пи́во (dad: beer); ма́ма: вино́ (mum: wine); сын: лимона́д (son: lemonade); дочь: вода́ (daughter: water).

4
- Чай, пожа́луйста.
- Ко́фе, пожа́луйста.
- С са́харом?
- Нет, спаси́бо, без са́хара.

The man has tea; the woman has coffee without sugar.

5
- Ко́фе, пожа́луйста, с молоко́м без са́хара.

a with milk, no sugar.

6
- Чай с лимо́ном, пожа́луйста.

lemon.

7
- Минера́льная вода́, пожа́луйста.
- С га́зом и́ли без га́за?
- Без га́за, пожа́луйста.

still mineral water.

8
- **Пи́во, пожа́луйста**
- **Ко́фе с молоко́м, пожа́луйста**
- **Чай без са́хара, пожа́луйста**

Page 34 Offering, accepting or refusing a drink

2
- Что вы хоти́те?
- Пе́пси-ко́ла, пожа́луйста.
- Пе́пси-ко́ла? Хорошо́.
- Спаси́бо.
- **Пожа́луйста** (b)

He asks for a coke.

3
- **Что ты хо́чешь** (b), Ка́тя?
- Сок, пожа́луйста.
- А ты, Ми́ша, что хо́чешь?
- Конья́к, пожа́луйста.

Misha orders cognac/brandy; Anna uses **Что ты хо́чешь?** *as she knows Katya well.*

Page 35 Using the numbers 11 to 20

2
- Лимона́д. Двена́дцать, пожа́луйста. *12*
- Пе́пси-ко́ла. Оди́ннадцать, пожа́луйста. *11*
- Моро́женое. Пятна́дцать, пожа́луйста. *15*

3 *a* 16; *b* 13; *c* 20; *d* 14; *e* 19.

4 *1* Что ты хо́чешь? *2* Конья́к, пожа́луйста. *3* Конья́к? Хорошо́. *4* Спаси́бо. *5* Пожа́луйста.

Page 36 Put it all together

2 *a* Fanta/fizzy orange; *b* centre; *c* champagne; *d* beetroot soup; *e* menu.

3 object.

4 *a* administrator; *b* telephone; *c* concert; *d* Tchaikovsky; *e* Russia; *f* St Petersburg.

5 *a* A beer, please; *b* What would you like? *c* Tea with milk; *d* Coffee without sugar; *e* You're welcome.

Page 37 Now you're talking!

1
- **Что ты хо́чешь?**
- Пи́во, пожа́луйста.
- **Что вы хоти́те?**
- Пе́пси-ко́ла, пожа́луйста.
- **Здра́вствуйте. Пи́во, пе́пси-ко́ла и лимона́д, пожа́луйста.**

2
- **Здра́вствуйте.**
- Здра́вствуйте. Что вам уго́дно?
- **Чай, пожа́луйста.**
- С са́харом?
- **С са́харом без молока́.**
- Хорошо́.
- **Спаси́бо.**
- Пожа́луйста.

3
- **И́горь, ты хо́чешь ко́фе?**
- С са́харом?
- С молоко́м?
- **Ко́фе с молоко́м без са́хара, пожа́луйста.**

Page 38 **Quiz**

1 a; *2* brandy; *3* b a c; *4* Coffee, a coffee, the coffee; *5* n.; *6* lemon; *7* ice cream; *8* still; *9* barman.

Контро́льная рабо́та 1
Pages 39–42

1
- Здра́вствуйте. Как вас зову́т?
- Меня́ зову́т **Ро́бин Мо́рсон**.
- Вы англича́нин?
- Нет, **я австрали́ец**.
- Вы жена́ты?
- Да, **я жена́т**.
- У вас есть де́ти?
- Да, **у меня́ есть сын**.
- Как его́ зову́т?
- **Его́ зову́т Кри́стофер**.

Ро́бин Мо́рсон австрали́ец. Он жена́т. У него́ есть сын. Его́ зову́т Кри́стофер.

2
- Дави́д, э́то моя́ ма́ма.
- О́чень ра́да.
- О́чень рад.
- А э́то моя́ сестра́. Её зову́т Зи́на.
- Здра́вствуй, Зи́на. Как дела́?
- Спаси́бо, хорошо́. Вы англича́нин?
- Нет, я кана́дец.

David meets Anton's mum and sister; Anton's sister's name is Zina; she says she is well; David is from Canada.

3
- Что ты хо́чешь, Дави́д? Есть вино́, пи́во, чай и́ли ко́фе.

c лимона́д.

4 *vodka; brandy; fizzy orange; tea; tomato juice; lemonade; wine; gin; coffee; champagne; whisky; rum; milk; water; coke.*

5 *Ireland; Wales; Scotland; Italy; Spain; France; Greece; Bulgaria; Germany.*

6 *1* h; *2* g; *3* a; *4* f; *5* b; *6* d; *7* e; *8* c.

7 *a* 29; *b* 19; *c* 25; *d* 31; *e* 31.

8 *1* e; *2* d; *3* a; *4* f; *5* b; *6* c.

9 *1* c **англича́нин**; *2* d **меня́**; *3* f **Её**; *4* e **рад**; *5* a **Ива́н**; *6* g **Как**; *7* b **америка́нка**.

The country is Аме́рика.

10 Dear Elizabeth. My name's Masha. I'm a Muscovite. I'm a student in Moscow. My dad's an engineer and my mum's a guide. I have a sister. Her name's Natasha. She's a schoolgirl. I also have a grandmother. My phone number is 007 095 1670355. Goodbye. Masha.

Unit 5 Скажи́те, пожа́луйста, где гости́ница?

Pages 44 & 45 **Asking where something is and how far it is**

2
- Прости́те, пожа́луйста, где по́чта?
- Иди́те нале́во.
- Скажи́те, пожа́луйста, где метро́?
- Иди́те пря́мо.
- Скажи́те, пожа́луйста, где теа́тр?
- Иди́те пря́мо.
- Прости́те, пожа́луйста, где гости́ница?
- Иди́те напра́во.
- Скажи́те, пожа́луйста, где рестора́н?
- Иди́те пря́мо.
- Скажи́те, пожа́луйста, где музе́й?
- Иди́те нале́во.

a post office, left; *b* underground, straight on; *c* theatre, straight on; *d* hotel, right; *e* restaurant, straight on; *f* museum, left.

4 • Теа́тр? Это далеко́?
  • Да, далеко́, два́дцать мину́т авто́бусом.
  • Музе́й – далеко́?
  • Пять мину́т пешко́м.
  • А по́чта? Это далеко́?
  • Нет, недалеко́, две мину́ты пешко́м.
  • Гости́ница – далеко́?
  • Пятна́дцать мину́т авто́бусом.
  • Рестора́н – далеко́?
  • Де́сять мину́т авто́бусом.
  • А метро́ – далеко́?
  • Нет, оди́н киломе́тр, двена́дцать мину́т пешко́м.
  • Оди́н киломе́тр!! Это далеко́!

a 20 by bus *b* 5 on foot *c* 2 on foot *d* 15 by bus *e* 10 by bus *f* 12 on foot.

Page 46 **Asking where someone lives**

2 • Ли́са, где вы живёте?
  • Я живу́ в Ло́ндоне.
  • Дави́д, где вы живёте?
  • Я живу́ в Ванку́вере.
  • Марк, где вы живёте?
  • Я живу́ в Ка́нберре.
  • Анн, где вы живёте?
  • Я живу́ в Нью-Йо́рке.

Lisa lives in London; David lives in Vancouver; Mark lives in Canberra; Ann lives in New York.

3 • **Лев**, ты живёшь в Москве́?
  • Нет, я живу́ в Волгогра́де.
  • Пётр, вы живёте в Москве́?
  • Нет, я живу́ в Но́вгороде.

Лев lives in Volgograd and is the one Olga knows well. Пётр *lives in Novgorod.*

Page 47 **Using the numbers 21 to 199**

2 • Я живу́ в до́ме трина́дцать, в кварти́ре во́семьдесят де́вять.
a д. 13 кв. 89.

  • Я живу́ в до́ме три́дцать четы́ре, в кварти́ре пятьдеся́т три.
b д. 34 кв. 53.

  • Я живу́ в до́ме два́дцать два, в кварти́ре сто се́мьдесят во́семь.
c д. 22 кв. 178.

  • Я живу́ в до́ме со́рок шесть, в кварти́ре сто девяно́сто семь.
d д. 46 кв. 197.

Page 48 **Put it all together**

1 *a* right; *b* left; *c* straight on.

2 *a* 35 kilometres; *b* 51 minutes; *c* 48 minutes; *d* 92 minutes; *e* 61 kilometres; *f* 83 kilometres.

3 *a* Петербу́рг; *b* со́рок; *c* метро́; *d* пря́мо.

4 *1* c; *2* a; *3* d; *4* b.

Page 49 **Now you're talking!**

1 • **Скажи́те, пожа́луйста, где метро́?**
  • Метро́? Иди́те нале́во.
  • **Это далеко́?**
  • Нет, пять мину́т пешко́м.
  • **Где по́чта?**
  • По́чта? Иди́те пря́мо.
  • **Спаси́бо.**

2 • Вы ру́сский?
  • **Нет, я америка́нец. Вы ру́сский?**
  • Да, я ру́сский.
  • **Вы живёте в Санкт-Петербу́рге?**
  • Да. Где вы живёте?
  • **Я живу́ в Нью-Йо́рке**
  • А . . . , хорошо́.
  • **Скажи́те, пожа́луйста, где Эрмита́ж?**
  • Эрмита́ж? Иди́те нале́во и пря́мо.

- **Э́то далеко́?**
- Нет, де́сять мину́т пешко́м.
- **Спаси́бо. До свида́ния.**

Page 50 **Quiz**

1 right; *2* b; *3* a; *4* a (the/a) theatre (singular), b (the) theatres (plural); *5* b; *6* in a flat; *7* c.

Unit 6 **Э́то откры́то?**

Pages 52 & 53 **Understanding what there is in town and when it's open**

2 банк *bank*; библиоте́ка *library*; апте́ка *chemist's*; кино́ *cinema*; буфе́т *snackbar*; галере́я *gallery*; магази́н *shop*; универма́г *department store*; суперма́ркет *supermarket*; бассе́йн *swimming pool*; парк *park*; ры́нок *market*.

3 • Здесь есть **магази́ны**?
- Да, здесь есть **универма́г** и **суперма́ркет**.
- Где здесь **банк**?
- Здесь нет ба́нка. Вот план го́рода. Банк в це́нтре.
There is a bank in the centre.

5 *a* Э́то **откры́то** в суббо́ту. *Saturday.*
b Э́то **откры́то** в четве́рг. *Thursday.*
c Э́то **закры́то** в воскресе́нье. *Sunday.*

Pages 54 & 55 **Making simple enquiries and asking for help to understand**

2 • Скажи́те, пожа́луйста, здесь есть туале́т?
- Да, здесь нале́во.
- Спаси́бо. А здесь есть телефо́н?

- Нет, здесь нет телефо́на.
a да; *b* нет; *c* да.

3 • Скажи́те, пожа́луйста, где здесь по́чта?
- Прости́те, **я не зна́ю** (*c*). Я не москви́ч.

4 • Скажи́те, пожа́луйста, где здесь по́чта?
- По́чта? Иди́те пря́мо, пото́м напра́во.
- Она́ откры́та?
- Да, сего́дня откры́та.
Straight on, then right.
She wants to got to the post office. It's open.

6 David (*d*) **Скажи́те**, пожа́луйста, где здесь библиоте́ка?
Passer-by В це́нтре, на у́лице Че́хова.
David Прости́те, я не понима́ю. Повтори́те пожа́луйста.
Passer-by Библиоте́ка в (*f*) **це́нтре**, на у́лице Че́хова.
David Спаси́бо. Она́ откры́та во вто́рник?
Passer-by Да, она́ (*a*) **откры́та**.
David А здесь есть банк?
Passer-by Есть.
David Он откры́т?
Passer-by Нет, сего́дня (*g*) **закры́т**.
David Говори́те, пожа́луйста, (*e*) **ме́дленно**.
Passer-by (*b*) **Сего́дня** банк закры́т.
David Спаси́бо.
Passer-by (*c*) **Пожа́луйста**.

Page 56 **Put it all together**

1 *a* Monday; *b* Tuesday to Friday; *c* 12.00 to 18.00; *d* Sunday.

Page 57 Now you're talking!

1 • **Скажи́те, пожа́луйста, здесь есть универма́г?**
- Да, есть, на у́лице Пу́шкина.
- **Я не понима́ю. Повтори́те, пожа́луйста.**
- Да, есть, на у́лице Пу́шкина.
- **Универма́г откры́т?**
- Да, он откры́т.
- **Спаси́бо. Здесь есть апте́ка?**
- Апте́ка? Иди́те напра́во, пото́м пря́мо.
- **Говори́те, пожа́луйста, ме́дленно.**
- Апте́ка – напра́во, пото́м пря́мо.
- **Напра́во, пото́м пря́мо. Она́ откры́та?**
- Да, она́ откры́та.
- **Спаси́бо.**
- Пожа́луйста.

2 • **Вот план го́рода.**
- **Магази́ны в це́нтре.**
- **Здесь есть ры́нок в четве́рг.**
- **По́чта закры́та в воскресе́нье.**
- **Здесь нет ба́нка.**

Page 58 Quiz

1 in the centre; *2* closed; *3* a map of the town; *4* b; *5* c a b; *6* Sunday; *7* a.

Unit 7 Ско́лько сто́ит?

Pages 60 & 61 Using the numbers above 200 and understanding prices

2 *a* 5р 22к; *b* 41р 15к; *c* 1 363р.

3 *a* 7р 60к; *b* 107р 50к; *c* 1 196р 75к.

5 откры́тка *postcard*; почто́вая

ма́рка *postage stamp*; аспири́н *aspirin*; фотоаппара́т *camera*; шампа́нское *champagne*; сувени́ры *souvenirs*.

6 • Ско́лько сто́ит **аспири́н?**
(aspirin)
- **Пятьдеся́т копе́ек.**
(50 kopecks)
7 • Здра́вствуйте. У вас есть **фотоаппара́т?**
- Да, вот фотоаппара́ты.
- Ско́лько сто́ят?
- **Пятьсо́т рубле́й.**
(500 roubles)
- Спаси́бо. Да́йте, пожа́луйста, оди́н. Скажи́те, пожа́луйста, ско́лько сто́ит **шампа́нское?**
- **Со́рок рубле́й пятьдеся́т копе́ек.**
(40 roubles 50 kopeks)
шампа́нское 40 roubles 50 kopecks; фотоаппара́т 500 roubles.

8 • Здра́вствуйте. Ско́лько сто́ят **откры́тки?**
- **Два́дцать копе́ек.**
(20 kopecks)
- Да́йте, пожа́луйста, **три**. *(3)*
- Ско́лько сто́ит **ма́рка в Аме́рику?**
- **Се́мьдесят пять копе́ек.**
(75 kopecks)
postcard costs 20 kopecks; she buys 3; stamp for America costs 75 kopecks.

Pages 62 & 63 Asking for items in a shop or market

2 • Здра́вствуйте. У вас есть сувени́ры?
- Да. Что вы хоти́те?
- Я не зна́ю.
- Вот матрёшка и́ли ша́пка.
- Мо́жно посмотре́ть?
- Мо́жно. Вот, пожа́луйста.
- Ско́лько сто́ит ша́пка?
- Шестьсо́т рубле́й.
- Хорошо́. А ско́лько сто́ит **матрёшка?**

* Пятьдеся́т три рубля́. Вы хоти́те?
* Да, пожа́луйста.
* Э́то всё?
* Да, э́то всё.
* Плати́те в ка́ссу.

set of Russian dolls.

3 * Матрёшка, **пятьдеся́т три рубля́**.
* Вот **чек** и сда́ча.
* Спаси́бо.
* Пожа́луйста.

53 roubles; a receipt.

4 У вас есть ло́жки? Мо́жно посмотре́ть?
У вас есть во́дка? Мо́жно посмотре́ть?
У вас есть икра́? Мо́жно посмотре́ть?
У вас есть матрёшка? Мо́жно посмотре́ть?
У вас есть ша́пка? Мо́жно посмотре́ть?

5 *a* (bread); *b* (apples); *c* (tomatoes); *d* (cheese); *e* (milk).

6 * Ско́лько сто́ят **я́блоки**?
* Шесть рубле́й килогра́мм.
* Да́йте мне, пожа́луйста, килогра́мм.
* Что ещё?
* **Помидо́ры** – полкило́, пожа́луйста.
* Э́то всё?
* Да, э́то всё.
* Де́сять рубле́й пятьдеся́т копе́ек.
* Спаси́бо.
* Пожа́луйста.
* **Молоко́**, пожа́луйста, – паке́т.
* Что ещё?
* **Сыр**, пожа́луйста, – две́сти пятьдеся́т грамм.
* Что ещё?
* Э́то всё, спаси́бо.

1 b я́блоки; *2 c* помидо́ры; *3 e*

молоко́; *4 d* сыр.
She forgets to buy bread – a хлеб.

Page 64 **Put it all together**

1 *a* 1 917; *b* 7 496; *c* 22 583; *d* 500 155

2 *a* May I have a look? *b* Could you give me . . . *c* That's all; *d* How much is it? *e* Have you got . . . ? *f* Anything else? *g* How much are they?

3 *1* У вас есть помидо́ры? *2* Да, есть. *3* Ско́лько сто́ят? *4* Семь рубле́й – килогра́мм. *5* Да́йте, пожа́луйста, полкило́.

4 150g. cheese; 2 loaves; 4 tomatoes; 1 litre mineral water; half kg. apples.

Page 65 **Now you're talking!**

1 * **Здра́вствуйте. У вас есть сувени́ры?**
* Да. Что вы хоти́те?
* **Я не зна́ю.**
* Вот, пожа́луйста, ло́жки и́ли матрёшка.
* **Мо́жно посмотре́ть?**
* Мо́жно. Вот, пожа́луйста.
* **Ско́лько сто́ят ло́жки?**
* Два́дцать пять рубле́й.
* **(А) ско́лько сто́ит матрёшка?**
* Пятьдеся́т рубле́й.
* **Да́йте, пожа́луйста, ло́жки.**
* Хорошо́. Э́то всё?
* **Да, э́то всё, спаси́бо.**
* Плати́те в ка́ссу два́дцать пять рубле́й.

2 * **Ло́жки. Два́дцать пять рубле́й.**
* Пожа́луйста, чек.
* **Спаси́бо.**
* Пожа́луйста.

3 ● **Пожа́луйста, чек** or **Вот чек.**
  ● Пожа́луйста, ло́жки.
  ● **Спаси́бо.**
  ● Пожа́луйста.

Page 66 Quiz

1 b; *2* b; *3* 100; *4* a large department store in Moscow; *5* to pay at the cash desk; *6* b; *7* c

1 ● Прости́те, пожа́луйста, здесь есть **банк**?
  ● Иди́те пря́мо. Э́то у́лица Го́голя. Вот нале́во – банк.
  ● Спаси́бо.
  ● Пожа́луйста.
a bank (*box 1*).

  ● Скажи́те, пожа́луйста, где **рестора́н** 'Кали́нка'?
  ● Иди́те пря́мо, напра́во, пото́м нале́во. Э́то у́лица Сре́тенка. Вот напра́во – рестора́н 'Кали́нка'.
  ● Повтори́те, пожа́луйста.
  ● Иди́те пря́мо, напра́во, пото́м нале́во. Э́то у́лица Сре́тенка. Вот напра́во – рестора́н 'Кали́нка'.
b Kalinka restaurant (*box 3*).

  ● Скажи́те, пожа́луйста, где здесь **по́чта**?
  ● По́чта? Иди́те пря́мо, пото́м напра́во. Э́то Проспе́кт Ми́ра. Вот напра́во – по́чта.
  ● Прости́те, я не понима́ю. Говори́те, пожа́луйста, ме́дленно.
  ● А . . . , хорошо́. Иди́те пря́мо, пото́м напра́во. Э́то Проспе́кт Ми́ра. Вот напра́во – по́чта.
c post office (*box 2*).

2 ● Прости́те, пожа́луйста, банк откры́т?
  ● Нет, сего́дня **закры́т**.
a closed.

  ● Скажи́те, пожа́луйста, рестора́н 'Кали́нка' откры́т?
  ● Да, он **откры́т**.
b open.

  ● Скажи́те, пожа́луйста, по́чта откры́та?
  ● Да, она́ **откры́та**.
c open.

3

во́дка – литр		**40**р.
молоко́ – паке́т		**4**р. **50**к.
хлеб – бато́н		**3**р. **20**к.
сыр – 300г		**2**р. **20**к.
помидо́ры – полкило́		**7**р. **50**к.

4 *a* Moscow; *b* 52; *c* Ivanov.

5 *a* суббо́та; *b* чек; *c* кварти́ра; *d* ша́пка.

6 *1* b; *2* e; *3* c; *4* a; *5* d.

7 *1* b; *2* a; *3* e; *4* c; *5* d.

8 *a* нет; *b* да; *c* нет; *d* да; *e* да; *f* нет; *g* да.

Unit 8 У вас есть свобо́дный но́мер?

Page 72 Checking in at reception

2 ● Здра́вствуйте. Меня́ зову́т Бен Бра́ун. Я заказа́л **двухме́стный но́мер с ду́шем**.
  ● Ваш па́спорт, пожа́луйста.
  ● Вот мой па́спорт.
double room with a shower

  ● Здра́вствуйте. Я заказа́ла **одноме́стный но́мер с ду́шем**.

* Ва́ша фами́лия, пожа́луйста.
* Смит.

single room with a shower.

* Здра́вствуйте.
* Здра́вствуйте. Я заказа́ла **но́мер люкс**.
* Ва́ша фами́лия, пожа́луйста.
* А́ндерсон.
* А́ндерсон. Вот . . . но́мер три́ста пять **с ва́нной и с ду́шем**.

luxury room with a bath and shower.

Page 73 **Asking if there's a room free**

2 * Здра́вствуйте. У вас есть свобо́дный но́мер?
* На ско́лько челове́к?
* На **два**.
* На ско́лько дней?
* На **три дня**.
* Како́й но́мер вы хоти́те?
* Но́мер **с ва́нной**, пожа́луйста.
* Ва́ша фами́лия, пожа́луйста.
* **Каре́нин**.

фами́лия: Каре́нин; коли́чество челове́к: два; коли́чество дней: три дня; но́мер: с ва́нной.

* Здра́вствуйте. У вас есть свобо́дный но́мер?
* Како́й но́мер вы хоти́те?
* **С ду́шем**, пожа́луйста.
* На ско́лько дней?
* На **семь дней**.
* И на ско́лько челове́к?
* На **два**.
* Хорошо́. Ва́ша фами́лия, пожа́луйста.
* **Петро́ва**.
* Ваш па́спорт, пожа́луйста.
* Вот мой па́спорт.

фами́лия: Петро́ва; коли́чество челове́к: два; коли́чество дней: семь дней; но́мер: с ду́шем.

Page 74 **Asking which floor something is on**

2 *a* 7th; *b* 11th; *c* 5th; *d* 8th.

3 * Ва́ша фами́лия, пожа́луйста.
* **Бра́ун**.
* Ваш но́мер **на оди́ннадцатом этаже́**.

* Ва́ша фами́лия, пожа́луйста.
* **Смит**.
* Вы **на седьмо́м этаже́**.

* Ва́ша фами́лия, пожа́луйста.
* **А́ндерсон**.
* Но́мер три́дцать, **на пе́рвом этаже́**.

1 b; *2* a; *3* c.

Page 75 **Making requests**

2 * Мо́жно оплати́ть креди́тной ка́ртой?
* Мо́жно.
* Мо́жно заказа́ть такси́?
* Стоя́нка такси́ нале́во, недалеко́.

a by credit card; *b* on the left, not far.

* Мо́жно посмотре́ть но́мер?
* Да, он на второ́м этаже́.
* Где лифт?
* Здесь, напра́во.

c 1st (literally 2nd in English); *d* on the right.

* Мо́жно пообе́дать в гости́нице?
* Да, рестора́н откры́т.

e Yes.

Page 76 **Put it all together**

1 *1* У вас есть свобо́дный но́мер?
2 Да, есть. На ско́лько дней?
3 На три дня.
4 И на ско́лько челове́к?

5 На два.
6 Есть двухмéстный нóмер на седьмóм этажé.
7 Мóжно посмотрéть нóмер?
8 Мóжно. Вот ключ.

2 1 d; 2 a; 3 b; 4 c; 5 e.

3 1 b; 2 e; 3 a; 4 d; 5 c.

Page 77 **Now you're talking!**

1 • **Здрáвствуйте. У вас есть свобóдный нóмер?**
   • Одномéстный или двухмéстный нóмер?
   • **Одномéстный с дýшем, пожáлуйста.**
   • На скóлько дней?
   • **На два дня.**
   • Хорошó. Есть свобóдный нóмер на пятом этажé.
   • **Мóжно посмотрéть?**
   • Мóжно. Вот ключ.

2 • Вáша фамúлия, пожáлуйста.
   • **Петрóва.**
   • Ваш пáспорт, пожáлуйста.
   • **Вот мой пáспорт.**
   • Спасúбо.
   • **Мóжно пообéдать в гостúнице?**
   • Да, ресторáн открыт.
   • **Ресторáн на какóм этажé?**
   • На трéтьем этажé.
   • **Мóжно оплатúть кредúтной кáртой?**
   • Да, мóжно.
   • **Спасúбо.**
   • Пожáлуйста.

Page 78 **Quiz**

1 a; 2 passport; 3 ground floor; 4 manager; 5 registration form; 6 lift; 7 surname.

Unit 9 **Когдá отхóдит?**

Page 80 **Asking about public transport**

2 • Скажúте, пожáлуйста, какóй **трамвáй** идёт до **метрó?**
   • Трамвáй нóмер **семьдесят три.**
a tram; 73; the Metro (underground).

   • Простúте, пожáлуйста, какóй троллéйбус идёт до **пóчты?**
   • **Троллéйбус** нóмер **три.**
b trolleybus; 3; post office.

   • Скажúте, пожáлуйста, есть **автóбус до Эрмитáжа?**
   • Есть. Автóбус нóмер **двáдцать два.** Вот напрáво – останóвка.
c bus; 22; the Hermitage (museum).

3 **Есть автóбус до аэропóрта?**
  Какóй троллéйбус идёт до вокзáла?
  Какóй трамвáй идёт до ýлицы Пýшкина?

Page 81 **Finding out train times**

2 a 21.15; b 17.21; c 22.43; d 06.35.

3 • Скажúте, пожáлуйста, когдá отхóдит пóезд до Одéссы?
   • В **03.00.**
   • А когдá я бýду в Одéссе?
   • В **23.30.**
depart 03.00; arrive 23.30.

   • Когдá отхóдит слéдующий пóезд до Ялты?
   • В **02.50.**
   • А в котóром часý я бýду в Ялте?
   • В **22.45.**
depart 02.50; arrive 22.45.

- Простите, пожалуйста, в котором часу отходит следующий поезд до Киева?
- В **08.05**.
- А когда я буду в Киеве?
- В **21.58**.

depart 08.05; arrive 21.58.

Page 82 **Buying train tickets**

2
- Один билет до Москвы, пожалуйста.
- В один конец или туда и обратно?
- **В один конец**, пожалуйста.

- Дайте мне, пожалуйста, два билета до Новгорода.
- В один конец или туда и обратно?
- **В один конец**, пожалуйста.
- Пожалуйста, сто восемьдесят рублей.

- Дайте мне, пожалуйста, билет до Одессы.
- Билет в один конец?
- Нет, **билет туда и обратно**, пожалуйста.

- Дайте, пожалуйста, **билет в один конец** до Ялты.
- Девяносто пять рублей.

3
- Простите, пожалуйста, с какой платформы отходит поезд до **Новгорода**?
- С платформы номер **три**.

a Novgorod; platform 3.

- Скажите, пожалуйста, с какой платформы отходит следующий поезд до **Ялты**?
- С платформы номер **одиннадцать**.

b Yalta; platform 11.

- Простите, пожалуйста, с какой платформы отходит поезд до **Москвы**?

- С платформы номер **четыре**.

c Moscow; platform 4

- С какой платформы отходит следующий поезд до **Одессы**?
- С платформы номер **семь**.

d Odessa; platform 7

Page 83 **Finding your way around the Metro**

2
- Простите, пожалуйста, надо купить билет?
- Нет. В метро надо купить жетон. Вот направо – касса.

- Скажите, пожалуйста, где станция Киевская?
- Вот схема метро и вот – Киевская.
- Спасибо. Надо делать пересадку?
- Нет, не надо.

- Скажите мне, пожалуйста, когда надо выходить?
- Следующая станция Киевская.

a Нет; b Нет; c Да.

3
- I Станция **Площадь Революции** . . .
Осторожно, двери закрываются. Следующая станция Арбатская.

- 2 Станция **Арбатская** . . .
Осторожно, двери закрываются. Следующая станция Смоленская

- 3 Станция **Смоленская** . . .
Осторожно, двери закрываются. Следующая станция Киевская.

- 4 Станция **Киевская** . . .
Осторожно, двери

закрыва́ются. Сле́дующая
ста́нция Парк Побе́ды.

Page 84 **Put it all together**

1 *1* c; *2* e; *3* a; *4* d; *5* b.

2 *a* в час; *b* в трина́дцать часо́в; *c* в
четы́ре часа́; *d* в шестна́дцать
часо́в; *e* в семь часо́в де́сять
мину́т;
f в девятна́дцать часо́в де́сять
мину́т.

3 *1* d; *2* e; *3* b; *4* a; *5* c.

4 *a* авто́бус; *b* по́езд; *c*
тролле́йбус; *d* трамва́й

Page 85 **Now you're talking!**

1 ● **Э́то далеко́?**
   ● Нет, де́сять мину́т
     тролле́йбусом.
   ● **Како́й тролле́йбус?**
   ● Тролле́йбус но́мер два́дцать
     шесть.
   ● **Где остано́вка?**
   ● Вот нале́во – остано́вка.

2 ● **Скажи́те, пожа́луйста, где
     ста́нция Ки́евская?**
   ● Вот схе́ма метро́ и вот –
     Ки́евская.
   ● **На́до де́лать переса́дку?**
   ● Нет, не на́до.

3 ● **Биле́т в оди́н коне́ц до
     Санкт-Петербу́рга,
     пожа́луйста.**
   ● Девяно́сто рубле́й.
   ● **Когда́ отхо́дит сле́дующий
     по́езд?**
   ● В два́дцать два часа́.
   ● **С како́й платфо́рмы
     отхо́дит по́езд?**
   ● С платфо́рмы но́мер
     двена́дцать.

Page 86 **Quiz**

1 Metro token; *2* aeroplane; *3* for
information; *4* *a* railway station *b*
Metro station; *5* b; *6* return; *7*
change trains.

Unit 10 **Прия́тного аппети́та!**

Page 90 **Asking what's available**

2 ● Молодо́й челове́к! Да́йте,
     пожа́луйста, **меню́**.
   ● Пожа́луйста, меню́.
   The menu.

3 ● Каки́е заку́ски у вас есть?
   ● Есть **колбаса́, винегре́т,
     грибы́ в смета́не, сарди́ны
     в ма́сле**.
   ● У вас есть **чёрная икра́**?
   ● Нет, то́лько **кра́сная икра́**.
   1 d; *2* f; *3* e; *4* c; *5* b; *6* a.
   There is no black caviar – b чёрная
   икра́

4 ● А что у вас есть сего́дня на
     пе́рвое?
   ● Пожа́луйста, есть щи, борщ и
     бульо́н.
   ● У вас есть **уха́**?
   ● Есть.
   Fish soup.

5 ● Сего́дня на второ́е есть
     шашлы́к, бефстро́ганов, ку́рица
     с ри́сом, карп с гриба́ми.
   a да; *b* нет; *c* нет; *d* да.

Page 91 **Ordering a meal**

2 ● Де́вушка!
   ● Слу́шаю вас.
   ● Да́йте, пожа́луйста, **винегре́т**.
   ● Хорошо́. А вы хоти́те суп?
   ● Спаси́бо, нет. Что вы
     рекоменду́ете на второ́е?

- **Ку́рицу с ри́сом.**
- Да́йте мне, пожа́луйста, ку́рицу.
- А на десе́рт?
- **Моро́женое**, пожа́луйста.

3 • Что вы бу́дете пить?
- **Во́дку**, пожа́луйста.
Vodka.

4 • Де́вушка! Счёт, пожа́луйста.
- **Две́сти се́мьдесят пять рубле́й**.
b 275 рубле́й.

Pages 92 & 93 **Saying what you like and don't like**

2 • Мне нра́вится **ры́ба**. Тебе́ нра́вится карп, Ми́ша?
- Да, мне нра́вится **карп**.
- Что тебе́ нра́вится, Пётр?
- Мне нра́вится **бефстро́ганов**.
- А Ната́ша . . . ?
- Мне нра́вится **бифште́кс**.
a ма́ма; b дочь (Ната́ша); c сын (Пётр); d па́па (Ми́ша).

3 **Мне нра́вится икра́.**
Мне нра́вятся блины́.
Мне нра́вится кра́сное вино́.
Мне нра́вятся холо́дные заку́ски.

5 • Слу́шаю вас.
- Да́йте, пожа́луйста, **грибы́ в смета́не**. Мне о́чень нра́вятся.
- Хорошо́.
Mushrooms in sour cream.

6 • Да́йте мне, пожа́луйста, **сала́т**.
- Пётр, что ты хо́чешь?
- Икру́, пожа́луйста.
- Тебе́ бо́льше нра́вится кра́сная и́ли **чёрная икра́**?
- Чёрная, коне́чно.

7 • Ната́ша, что ты хо́чешь?
- Спаси́бо, ничего́. Мне не нра́вятся холо́дные заку́ски.
She doesn't like cold starters.

8 Метрдоте́ль *(b)* **Всё** норма́льно?
Па́па *(d)* **Да**, спаси́бо.
Метрдоте́ль Тебе́ *(a)* **нра́вится** десе́рт?
Пётр Да, э́то о́чень *(c)* **вку́сно**.

Page 94 **Put it all together**

1 *a* with jam; *b* in tomato sauce; *c* fried; *d* in butter; *e* garnished with vegetables; *f* with mushrooms; *g* tasty.

2 заку́ски – *d* икра́, *j* винегре́т
пе́рвые блю́да – *g* борщ, *i* щи
вторы́е блю́да – *b* шашлы́к
c ку́рица *e* щу́ка
десе́рт – *a* торт
f я́блоки *h* моро́женое

3 *a* **Мне нра́вится колбаса́**
b **Мне нра́вятся помидо́ры**
c **Мне нра́вятся ру́сские заку́ски**
To say you don't like them, add **не**
after **Мне**.

4 *1* Молодо́й челове́к! *2* Слу́шаю вас. *3* Что вы рекоменду́ете на десе́рт? *4* Торт с фру́ктами. Это о́чень вку́сно. *5* Хорошо́. Да́йте мне, пожа́луйста, торт.

Page 95 **Now you're talking!**

1 • **Молодо́й челове́к! Да́йте, пожа́луйста, меню́.**
- Вот меню́.
- **Спаси́бо.**
- Пожа́луйста.

2 • Слу́шаю вас.
- **Сарди́ны в ма́сле, пожа́луйста.**

- А на пе́рвое?
- **Борщ, пожа́луйста.**
- Хорошо́, а на второ́е?
- **Мне нра́вится ры́ба. Что вы рекоменду́ете?**
- Сего́дня есть карп с гриба́ми. Э́то о́чень вку́сно.
- **Карп с гриба́ми, пожа́луйста.**
- Что вы бу́дете пить?
- **Да́йте мне пожа́луйста, бе́лое, вино́.**

3
- Всё норма́льно? Вам нра́вится карп?
- **Мне о́чень нра́вится.**
- Что вы бу́дете на десе́рт?
- **Спаси́бо, ничего́. Мне не нра́вится десе́рт.**

Page 96 **Quiz**

I menu; 2 b; 3 d c a b; 4 give your order; 5 tea (чай); 6 b; 7 c.

Контро́льная рабо́та 3
Pages 97–100

I
- Когда́ отхо́дит по́езд но́мер трина́дцать?
- **В семь часо́в три́дцать мину́т.**
a 07.30.

- В кото́ром часу́ отхо́дит по́езд но́мер шесть?
- **В два́дцать три часа́ пятьдеся́т мину́т.**
b 23.50.

- В кото́ром часу́ отхо́дит сле́дующий по́езд до Ми́нска?
- По́езд но́мер два́дцать отхо́дит **в де́сять часо́в де́сять мину́т.**
c 10.10.

- Когда́ отхо́дит по́езд до Волгогра́да?
- По́езд но́мер во́семь отхо́дит **в два́дцать оди́н час пятна́дцать мину́т.**
d 21.15.

2 *b* Скажи́те, пожа́луйста, здесь есть буфе́т?

3 *left.*

4 *a* квас; лимона́д; минера́льная вода́; молоко́; пе́пси-ко́ла; тома́тный сок; фа́нта
b чай с лимо́ном.

5 *a* **Здра́вствуйте. Я англича́нин** (m.) / **англича́нка** (f.).
b **Вы ру́сский? Где вы живёте?**
c **Мне о́чень нра́вится Москва́.**

6
- Скажи́те, пожа́луйста, где гости́ница 'Пра́га'?
- Гости́ница 'Пра́га'? Иди́те напра́во. Э́то у́лица Ду́рова. Иди́те пря́мо, пото́м нале́во. Э́то Мане́жная пло́щадь и вот нале́во – гости́ница 'Пра́га'.
Go right. This is Durova Street. Go straight on, then left. This is Manezhnaya Square and the Hotel Prague is to your left.

7 *c* Я заказа́ла двухме́стный но́мер с ду́шем.

8 *3rd floor.*

9 АДМИНИСТРА́ТОР *manager;* ТУАЛЕ́Т *toilet;* РЕСТОРА́Н *restaurant;* ЛИФТ *lift;* ТЕЛЕФО́Н *telephone;* СА́УНА *sauna;* БАР *bar;* СУВЕНИ́РЫ *souvenirs.*

10 Я заказа́л(а) одноме́стный но́мер с ва́нной на три дня.
Мо́жно пообе́дать в гости́нице?
Рестора́н на како́м этаже́?
Мо́жно оплати́ть креди́тной ка́ртой?

11 • Да́йте мне, пожа́луйста:
грибы́ в смета́не
бульо́н с пирожка́ми
шашлы́к
блины́ с варе́ньем
квас

12 1 рубль / банк
2 бассе́йн / вода́
3 бар / кафе́
4 ма́рка / откры́тка
5 кварти́ра / дом
6 ка́сса / чек
7 Эрмита́ж / музе́й
8 откры́т / закры́т

13

```
а н ц у е т й у в т с в а р д з а
я к а е н г ш ш л з х ф ы в а п р
и о л р а б э я ч и с м и т б ю ж
н ь ь ё о ц р т н ё ц у к е н г ш
а а в ы ф т д л о р п а п т е к а
д н с ч я э с у в т с в о р д з а
и т и м с п и е т б о т ч ю ё й ц
в е к у а й у р т с в т р е н г
с н а с е е ф о к х о р а л д э ж
о т и а м и т р в а х щ г п т о я
д б а ф е т ы щ э ы ф т м н у я г
о в п х д т й и л ю щ е о м ш а е
в ё п х о т ы у р н э д к и л х ш
```

Grammar

Grammar is the term used to describe the patterns of a language. Russian grammar is complex with numerous sets of endings for nouns and adjectives which take time to get used to. Below is a very brief summary of some essential grammar points.

1   **Nouns** (words for people, things, places, concepts) have a gender: masculine (m.), feminine (f.) or neuter (n.).

nouns in the singular (one only)

  a Masculine nouns usually end in a consonant, or **й**:
    лимона**д**, ча**й**
  b Feminine nouns usually end in **-a** or **-я**:
    вод**á**, тёт**я**
  c Neuter nouns usually end in **-o** or **-e**:
    вин**ó**, морóжено**е**

There are no articles (words for 'the, a/an') in Russian, so **чай** can mean 'tea', 'a tea' or 'the tea'.

nouns in the plural (more than one)

Nouns change their endings for the plural.

One of the most common endings is **ы**:

Где гостúница?	Where is the hotel? (singular)
Где гостúниц**ы**?'	Where are the hotels? (plural)

2   Adjectives (words which describe) have to 'agree' with whatever they describe in gender, number and case:

бифштéкс **натурáльный** (m.)	beefsteak – grilled
крáсная икрá (f.)	red caviar
бéлое винó (n.)	white wine
рýсские блины́ (plural)	Russian pancakes
на **вторóм** этажé	on the 1st
(after prepositions)	(literally 2nd) floor

3 **Pronouns** (words used instead of nouns) also change according to their case/function in a sentence.

The subject (nominative) pronouns are:

я	I	**мы**	we
ты	you	**вы**	you
он	he/it	**они**	they
она	she/it		
оно	it		

There are two words for 'you' in Russian:

ты a friend, member of the family, young person

вы (often written **Вы**) someone you don't know well, someone older, more than one person

Examples of pronouns used in other cases include:

меня (accusative): **Меня** зовут Анна. They call me Anna.

мне (dative): Дайте **мне** ключ. Give (to) me the key.

4 **Cases** The endings of nouns, adjectives and pronouns change, depending on their case/function in a sentence. Russian has six cases.

1 **Nominative** – used for the subject of a sentence and the form found in dictionaries:

Студент женат. The student is married.

2 **Accusative** – used for the direct object of a sentence:

Дайте мне **ключ**. Give me the key.

and after some prepositions:

Платите **в кассу**. Pay at the cash-desk.

3 **Genitive** – used after many prepositions and for 'possession' ('of'):

Есть автобус **до вокзала**? Is there a bus to the station?

It is also used after '**нет**' (there isn't/aren't):

Здесь **нет банка**. There isn't a bank here.

4 **Dative** – used after certain prepositions and for the indirect object after verbs e.g. 'дать' (to give):

Дайте **мне** ложки. Give (to) me the spoons.

5 **Instrumental** – used to express 'by', and after some prepositions, particularly '**с**' (with):

| Пять минýт **автóбусом**. | Five minutes by bus. |
| Чай **с сáхаром**. | Tea with sugar. |

6 **Prepositional** – used only after certain prepositions:

| Я живý **в Москвé**. | I live in Moscow. |

5 **Verbs** (words for doing or being) change their endings according to who or what is the subject:

| **Я живý** в Москвé. | I live in Moscow. |
| **Вы живёте** в Москвé. | You live in Moscow. |

The form found in the dictionary is called the **infinitive**, usually ending in **-ть** in Russian:
говори́ть 'to' talk/speak; **быть** 'to' be; **знать** 'to' know.

The infinitive can be used after words such as **Мóжно / Нáдо:**

| **Мóжно посмотрéть?** | Can I/we have a look? |
| Когдá **нáдо выходи́ть?** | When do I have to get off? |

6 There are no words for 'am, is, are' in Russian:

| Онá студéнтка. | She is a student. |
| Где Áнна? | Where's Anna? |

7 To say something negative, add **не**:

| Онá **не** студéнтка. | She is not a student. |
| Я **не** знáю. | I don't know. |

8 **Prepositions** (words like **в**, 'in', **с** 'with', **до** 'to') take a particular case. Some can take two different cases·depending on their meaning/function:

В суббóту он заказáл бифштéкс **в ресторáне**.
On Saturday he ordered a steak in the restaurant.
В суббóту is in the accusative; **в ресторáне** is in the prepositional.

Russian–English glossary

This glossary contains only those words and phrases, and their meanings, as they occur in Talk Russian. Parts of verbs are also given in the form in which they occur, usually followed by the infinitive in brackets.

Аа

а *but, and*
а́вия *air mail*
австра́лиец *Australian*
Австра́лия *Australia*
автóбус *bus:*
  автóбусом *by bus*
автомоби́ль (m.) *car*
администра́тор
  administrator, manager
Аме́рика *America:*
  в Аме́рику *to America*
америка́нец *American (m.)*
америка́нка *American (f.)*
англича́нин *English (m.)*
англича́нка *English (f.)*
А́нглия *England*
анке́та *registration form*
аппети́т *appetite:*
  Прия́тного аппети́та!
  Enjoy your meal!
апте́ка *chemist"°*
аспири́н *aspirin*
ата́ка *attack*
а́том *atom*
аэропóрт *airport*

Бб

ба́бушка *grandmother*
банк *bank*
бар *bar*
барме́н *barman*
бассе́йн *swimming pool*
батóн *loaf*
без *without*
бе́лое *white*
Белору́ссия *Belarus*
бефстрóганов *beef
  Stroganoff*

библиоте́ка *library*
биле́т *ticket*
бифште́кс *beefsteak:*
  бифште́кс натура́льный
  grilled beefsteak
блины́ *pancakes*
блю́да *dishes, courses*
Болга́рия *Bulgaria*
бóльше *more, bigger:*
  мне бóльше нра́вится
  I prefer
борщ *beetroot soup*
бра́во *bravo, well done*
брат *brother*
брита́нец *British (m.)*
Брита́ния *Britain*
(вы) бу́дете (быть)
  (you) will be
(я) бу́ду (быть) *(I)will be*
бульва́р *boulevard*
бульóн *clear soup*
буфе́т *snackbar, buffet*
бюрó *office, desk:*
  спра́вочное бюрó
  *enquiry desk, information
  office*

Вв

в, во *in, into:*
  в оди́н коне́ц *single
  (ticket)*
вам *(to) you (formal):*
  вам нра́вится? *do you
  like?*
Ванку́вер *Vancouver*
ва́нна *bath:*
  с ва́нной *with a bath*
варе́нье *jam:*
  с варе́ньем *with jam*

вас *you (formal):*
  как вас зову́т?
  what's your name? у вас
  есть? *have you got?*
ваш (m.) ва́ша (f.)
  ва́ше (n.) *your (formal)*
винегре́т *vegetable salad*
винó *wine*
ви́ски *whisky*
вку́сно *tasty*
вода́ *water*
вóдка *vodka*
вокза́л *station*
Волгогра́д *Volgograd*
воскресе́нье *Sunday*
вот *here, here is/are*
всё *all, everything*
вто́рник *Tuesday*
вторóй (m.) втора́я (f.)
  вторóе (n.) *second:*
  вторóе *second (main)
  course;*
  вторы́е блю́да *second
  courses;* на вторóм
  этаже́ *on the 2nd floor*
вы *you (formal)*
выходи́ть *to get off*
выходнóй день (m)
  closing day, day off

Гг

газ *gas:*
  без га́за *still (water)*
  с га́зом *sparkling (water)*
газе́та *newspaper*
галере́я *gallery*
гарни́р *garnish:*
  с гарни́ром *garnished,
  with vegetables*

где *where*
Герма́ния *Germany*
гид *guide*
говори́те (говори́ть)
  speak
го́род *town*
горя́чий *hot:*
  горя́чие блю́да *hot
  dishes*
гости́ница *hotel*
грамм *gram(me)*
Гре́ция *Greece*
грибы́ *mushrooms:*
  с гриба́ми *with
  mushrooms*
Гру́зия *Georgia*
гуля́ш *goulash*
ГУМ *GUM, Moscow
  department store*

Дд
да *yes*
да́йте (дава́ть) *give*
далеко́ *far*
да́ма *lady*
два (m./n.), две (f.) *two*
две́ри *doors*
двухме́стный *double
  (room)*
де́вушка *waitress, girl,*
де́душка (m.)
  grandfather
дела́ *things;* как у вас
  дела́? *how are you?
  (formal)*
де́лать *to do, make:*
  де́лать переса́дку
  to change (trains)
день (m.) *day:* на
  ско́лько дней? *for how
  many days?* на два дня
  for two days
десе́рт *dessert*
де́ти *children*
джин *gin*
дипло́м *diploma*
до *to, up to, as far as*
до свида́ния *goodbye*

до́лларами *with dollars*
дом *house*
дорого́й (m.) дорога́я
  (f.) дорого́е (n.) *dear*
дочь (f.) *daughter*
друг *friend (m.)*
душ *shower:*
  с ду́шем *with a shower*
дя́дя (m.) *uncle*

Ее
его́ *him:*
  как его́ зову́т? *what's
  his name?*
  у него́ есть *he has*
её *her:*
  как её зову́т? *what's her
  name?*
  у неё есть *she has*
есть *there is*
есть *to eat*
ещё *more, still:*
  что ещё? *anything else?*

Жж
жа́реный (m.) жа́реная
  (f.) жа́реное (n.) *fried,
  roasted*
жена́ *wife*
жена́т (m.) *married (man;
  informal)* жена́ты (m.)
  married (man; formal)
жест *gesture*
жето́н *token (metro)*
(вы) живёте (жить)
  (you) live (formal)
(ты) живёшь (жить)
  (you) live (informal)
(я) живу́ (жить) *(I) live,
  stay*

Зз
заказа́ть *to book:*
  я заказа́л (m.)
  я заказа́ла (f.) *I've
  booked*

закрыва́ются
  (закрыва́ться)
  (they) close, shut:
  две́ри закрыва́ются *the
  doors are closing*
закры́т (m.) закры́та (f.)
  закры́то (n.) *closed, shut*
заку́ски *starters,
  appetizers*
за́мужем (f.) *married
  (woman)*
здесь *here*
здра́вствуй *hello
  (informal)* здра́вствуйте
  hello (formal)
(я) зна́ю (знать) *(I) know*
зову́т (звать) *(they) call:*
  как вас зову́т? *what's
  your name?*

Ии
и *and*
идёт (идти́) *(it) goes*
иди́те (идти́) *(you –
  formal or pl.) go*
икра́ *caviar*
и́ли *or*
инжене́р *engineer*
Интури́ст *Intourist
  (travel firm)*
информа́ция *information*
Ирла́ндия *Ireland*
Испа́ния *Spain*
ита́к *so*
Ита́лия *Italy*

Кк
как *how*
како́й? (m.) кака́я? (f.)
  како́е? (n.) каки́е? (pl.)
  which?
  на како́м этаже́? *on
  which floor?*
Кана́да *Canada*
кана́дец (m.) *Canadian*
Ка́нберра *Canberra*
карп *carp*
ка́рта *map, card:*

кредитной картой *by credit card*
картофель (m.) *potatoes:*
с картофелем *with potatoes*
касса *cash-desk*
кафе *café*
квартира *flat*
квас *soft drink made from black bread and yeast*
Киев *Kiev*
килограмм *kilogram(me)*
километр *kilometre*
кино *cinema*
киоск *kiosk*
ключ *key*
когда *when*
колбаса *sausage (salami)*
количество *number, amount*
кома *coma*
комета *comet*
кому *to whom*
конец *end:*
в один конец *single (ticket)*
конечно *of course*
контрольная работа *checkpoint*
концерт *concert*
коньяк *cognac, brandy*
копейка *kopeck:*
две копейки *2 kopecks,*
шесть копеек *6 kopecks*
который? (m.) которая? (f.) которое? (n.) *which?, what?*
в котором часу? *(at) what time?*
кофе *coffee*
красивый (m.) *beautiful*
красный (m.) красная (f.) красное (n.) *red*
кредитной картой *with a/by credit card*
Кремль (m.) *Kremlin*
куда? *where (to)?*
купить *to buy*

курица *chicken*
курс *course*
кухня *cooking*

Лл
лимон *lemon:*
с лимоном *with lemon*
лимонад *lemonade*
литр *litre*
лифт *lift, elevator*
ложки *spoons*
Лондон *London*
люкс *luxury*

Мм
магазин *shop*
Макдональдс *Macdonald's*
мама *mum, mummy*
Манчестер *Manchester*
марка *stamp:*
почтовая марка *postage stamp*
масло *oil, butter:*
в масле *in oil*
матрёшка *set of Russian dolls*
матч *match (sport)*
мать (f.) *mother*
медленно *slowly*
меню *menu*
меня *me*
у меня есть *I have*
меня зовут *my name is*
место *place*
метрдотель (m.) *head waiter*
метро *metro, underground*
минеральная вода *mineral water*
Минск *Minsk*
минута *minute*
мне *(to) me:*
дайте мне *give me*
можно *it's possible, yes, you may, OK*

мой (m.) моя (f.) моё (n.) *my*
молодой (m.) молодая (f.) молодое (n.) *young:*
молодой человек *waiter*
молоко *milk:*
с молоком *with milk,*
без молока *without milk*
мороженое *ice cream*
Москва *Moscow*
москвич (m.) москвичка (f.) *Muscovite*
муж *husband*
музей *museum*
мясо *meat*

Нн
на *on, to, for*
надо *it's necessary*
налево *(to the) left*
напитки *drinks*
направо *(to the) right*
натуральный (m.) натуральная (f.) натуральное (n.) *natural:*
бифштекс натуральный *grilled beefsteak*
национальный (m.) национальная (f.) национальное (n.) *national:*
национальные блюда *national dishes*
не *not*
него *him:*
у него есть *he has*
недалеко *not far*
неё *her:*
у неё есть *she has*
нет *no, there isn't, there aren't*
ничего *nothing, never mind, not bad*
Новгород *Novgorod*
номер *room, number, size, item*
нормально *normally:* всё

нормáльно? *is everything all right?*
нрáвится (нрáвиться) *like:* мне нрáвится *I like (it),* мне нрáвятся *I like (them)*
Нью-Йóрк *New York*

Оо

обрáтно *back:* тудá и обрáтно *return (ticket)*
объéкт *object*
Одéсса *Odessa*
одúн (m.) однá (f.) однó (n.) *one*
одномéстн ый (m.) *single (room)*
он *he, it (m.)*
онá *she, it (f.)*
онú *they*
онó *it (n.)*
оплатúть *to pay*
оркéстр *orchestra, live band*
останóвка *stop (bus, tram)*
осторóжно *take care, be careful*
отéц *father*
откры́т (m.), откры́та (f.), откры́то (n.) *open*
откры́тка *postcard*
отправлéние *departure*
отхóдит (отходúть) *leave*
óчень *very*

Пп

пакéт *packet, carton*
пáпа *dad, daddy*
парк *park*
пáспорт *passport*
пéпси-кóла *coke*
пéрвый (m.) пéрвая (f.) пéрвое (n.) *first:* пéрвое *first course;* пéрвые блю́да *first courses;*

на пéрвом этажé *on the first floor*
пересáдка *change:* дéлать пересáдку *to (make a) change (train)*
пешкóм *on foot*
пúво *beer*
пирожкú *pasties, small pies:* с пирожкáми *with pasties, small pies*
пить *to drink*
план *map, plan*
платúте (платúть) *pay*
платфóрма *platform:* с какóй платфóрмы? *from which platform?*
плóщадь (f.) *square*
повторúте (повторúть) *repeat*
подрýга *friend (f.)*
пóезд *train*
пожáлуйста *please, don't mention it, here you are*
полкилó *half a kilo*
помидóры *tomatoes*
понедéльник *Monday*
(я) понимáю (понимáть) *(I) understand*
пообéдать *to dine*
по-рýсски *in Russian*
посмотрéть *to look (at)*
потóм *then*
пóчта *post office*
почтóвая мáрка *postage stamp*
прибы́тие *arrival*
привéт *regards, greetings*
прия́тного аппетúта *enjoy your meal*
проспéкт *avenue, boulevard*
простúте (простúть) *excuse me, sorry*
пря́мо *straight on*
пя́тница *Friday:* в пя́тницу *on Friday*

Рр

рабóта *work*
рад (m.) рáда (f.) *glad, pleased*
(вы) рекомендýете (рекомендовáть) *recommend*
ресторáн *restaurant*
рис *rice:* с рúсом *with rice*
ром *rum*
Россúя *Russia:* в Россúи *in Russia*
рубль (m.) *rouble:* три рубля́ *3 roubles,* пять рублéй *5 roubles*
рýсский (m.) рýсская (f.) рýсское (n.) рýсские (pl) *Russian:* по-рýсски *in Russian*
ры́ба *fish*
ры́нок *market:* на ры́нке *at the market*

Сс

с, со *with, from*
салáт *salad*
самовáр *samovar*
Санкт-Петербýрг *St Petersburg*
сардúны *sardines*
сáуна *sauna*
сáхар *sugar:* с сáхаром *with sugar,* без сáхара *without sugar*
свобóдный *free*
сдáча *change (money returned)*
сегóдня *today*
сéрвис-бюрó *service desk*
сестрá *sister*
скажúте (сказáть) *tell (me), excuse me*
скóлько? *how much, how many?*
слáдкий (m.) слáдкая (f.) слáдкое (n.) *sweet*

сла́дкое *sweet course*
сле́дующий (m.)
сле́дующая (f.)
сле́дующее (n.) *next*
слу́шаю (слу́шать) *listen:*
слу́шаю вас *at your service*
смета́на *sour cream:*
в смета́не *in sour cream,*
со смета́ной *with sour cream*
сок *juice*
спаси́бо *thank you*
спра́вочное бюро́ *enquiry office*
среда́ *Wednesday:*
в сре́ду *on Wednesday*
ста́нция *station (metro)*
сто́ит (сто́ить) *costs:*
ско́лько сто́ит? *how much does it cost?,*
ско́лько стоя́т? *how much do they cost?*
стоя́нка *stand, rank (taxi)*
студе́нт (m.), студе́нтка (f.) *student*
суббо́та *Saturday:*
в суббо́ту *on Saturday*
сувени́ры *souvenirs*
суп *soup*
суперма́ркет *supermarket*
сухо́й (m.) суха́я (f.)
сухо́е (n.) *dry*
схе́ма *plan:*
схе́ма метро́ *plan of the metro*
счёт *bill*
съезд *congress*
сын *son*
сыр *cheese*

Тт

та́кже *also*
такси́ *taxi*
такт *tact*
тало́н *travel coupon, ticket*

твой (m.) твоя́ (f.)
твоё (n.) *your (informal)*
теа́тр *theatre*
тебе́ *(to) you (informal):*
тебе́ нра́вится? *do you like (it)?*
тебя́ *you (informal):*
как тебя́ зову́т? *what's your name?*
телефо́н *telephone*
тётя *aunt*
то́лько *only*
тома́т *tomato sauce:*
в тома́те *in tomato sauce*
тома́тный *tomato:*
тома́тный сок *tomato juice*
торт *cake*
традицио́нный (m.)
традицио́нная (f.)
традицио́нное (n.) *traditional:*
традицио́нная ку́хня *traditional cooking*
тра́ктор *tractor*
трамва́й *tram*
тре́тий (m.) тре́тья (f.)
тре́тье (n.) *third:*
на тре́тьем этаже́ *on the third floor*
тролле́йбус *trolleybus:*
тролле́йбусом *by trolleybus*
туале́т *toilet*
туда́ *(to) there:*
туда́ и обра́тно *return (ticket)*
ты *you (informal)*

Уу

у вас есть? *have you got? (formal)* Как у вас дела́? *How are you? (formal)*
уго́дно: что вам уго́дно?
what would you like?
Узбекиста́н *Uzbekistan*
Украи́на *Ukraine*

у́лица *street:*
на у́лице *in the street,*
универма́г *department store*
универса́м *self-service shop*
университе́т *university*
уха́ *fish soup*
Уэ́льс *Wales*

Фф

фами́лия *surname*
фа́нта *Fanta, fizzy orange*
фотоаппара́т *camera*
Фра́нция *France*
фру́кты *fruit:*
с фру́ктами *with fruit*
фу́нтами *with pounds (sterling)*

Хх

хара́ктер *character*
хлеб *bread*
холо́дный (m.)
холо́дная (f.)
холо́дное (n.) *cold*
хорошо́ *fine, good, well, OK*
(вы) хоти́те (хоте́ть) *(you – formal) want*
(ты) хо́чешь (хоте́ть) *(you – informal) want*

Цц

центр *centre*

Чч

чай *tea*
час *hour:*
в кото́ром часу́? *(at) what time?* два часа́ *2 o'clock,* семь часо́в *7 o'clock*
чек *receipt*
челове́к *person, people*
чёрный (m.), чёрная (f.)
чёрное (n.) *black*
четве́рг *Thursday*

что? *what?*

Шш

шампа́нское *champagne*
ша́пка *hat, cap*
шашлы́к *shashlyk, kebab*
шко́льница *schoolgirl*
Шотла́ндия *Scotland*

Щщ

щи *cabbage soup*
щу́ка *pike*

Ээ

экза́мен *examination*
экспе́рт *expert*
Эрмита́ж *Hermitage*
этаж *floor, storey:*
  на како́м этаже́? *on*
  which floor?
э́то *this, that, it (is)*

Яя

я *I*
я́блоки *apples*
Я́лта *Yalta*

Pathway to learning

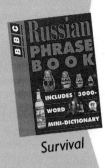

Survival

Absolute Beginner

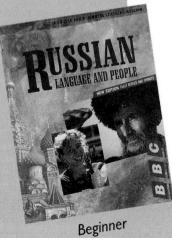

Beginner

BBC Worldwide publish a range of materials enabling you to continue to improve your Russian. For more information on our other titles visit our website: http://www.bbcworldwide.com or, to receive a catalogue, contact BBC Books:

> Book Service by Post
> PO Box 29
> Douglas
> Isle of Man IM99 1BQ
> Tel: 01624 675 137
> Fax: 01624 670 923

BBC books are available at all good bookshops or direct from the publishers as above.

For information on other language-learning support materials from the BBC, contact BBC Education Information:

> White City
> London W12 7TS
> Tel: 0181 746 1111
> email: edinfo@bbc.co.uk

Other titles in the Talk . . . series include French, German, Greek, Italian, Japanese, Portuguese, and Spanish.